상급지 환승의 기술

부동산의 상승 하락 신호를 포착해 빠르게 갈아타는

상급지 환승의 기술

홍샘(서흥주) 지음

프롤로그
자본주의라는 러닝머신은
결코 멈추지 않는다

종종 우리의 인생은 러닝머신 위에서 걷고 있는 것과 같다는 생각을 한다. 가만히 서 있으면 점점 뒤로 밀려나고 결국은 기계 밖으로 떨어져버리는. 물론 그것이 금방 체감되지는 않는다. 아무것도 하지 않고 가만히 있어도 처음에는 남들과 똑같은 것처럼 느껴진다. 어릴 적 친했던 동창과 친구, 종종 만나는 또래 친척, 비슷한 월급을 받으며 매일 어울리는 직장 동료…… 모두 나와 다를 바가 없어 보인다.

하지만 몇 주, 몇 달, 몇 년이 지나면 러닝머신 위에서 걸은 사람과 가만히 있었던 사람의 격차가 나타나기 시작한다. 똑같은 나이에 똑같은 회사에 다니며 똑같은 월급을 받으면서도, 누군가는 우상향하는 집값에 웃음을 짓고 다른 누군가는 이번엔 어디서 전셋집을 구해야 하나 고민한다. 이런 풍경들을 보면, 우리 인생은 속도 2~3km/h로 가는 러닝머신 위에 있는 것과 같아 보인다.

부동산도 그렇지 않을까? 세상에는 큰 변화가 없는 것 같지만 사실 통화량이 점점 늘며 화폐가치는 계속 떨어지고 있다. 그래서 아무것에도 투자하지 않고 그저 저축만 하고 있다면, 사실은 점점 가난해지는 것이나 마찬가지다. 예·적금 이자는 물가상승률을 따라갈 수 없기 때문이다. 얼마 전 양천구에 갖고 있던 구축 아파트를 팔았는데, 세입자가 나가면서 씁쓸한 한마디를 했다.

"40대 중반이 되도록 열심히 일했는데 인생에 나아진 건 하나도 없는 것 같네요. '벼락거지'가 저 같은 사람을 말하는가 봅니다."

처음 만났을 때부터 전세 연장 계약을 할 때까지 한결같이 부동산 하락을 주장하시던 그분은 '이제는 정말 집을 사야 할 것 같다'며 부동산을 나가셨다.

세상이 변하는 속도는 더더욱 빨라진 것 같다. 올해 6월, 조기 대선이 열리고 이재명 정부가 들어오며 모든 것이 바뀌고 있다. 국내 주식은 거래세율이 올라가고, 가상자산에는 2027년 1월 1일부터 양도차익에 따라 20%의 세금이 붙을 예정이며 부동산 또한 공시지가 현실화율로 인해 보유세가 대폭 늘어날 가능성이 높다. 또 저 너머 미국의 태세를 보면 금리 인하도 머지않아 보인다. 유동성이 크게 풀리고, 돈의 가치는 또 떨어질 것이다. 러닝머신의 속도가 더 빨라지고 있다는 뜻이다. 무엇을 해야 떨어지지 않고 살아남을 수 있을까? 점점 그저 집 한 채를 갖고 있는 것만으로도 살아남기가 팍팍해지고 있다.

나 역시 행동하지 않았으면 진작 러닝머신에서 떨어져 '도대체 어떻게 해야 이 상황을 헤쳐나갈 수 있나' 깊은 고민에 빠져 있었을 것이다. 투자를 시작하기 전 나는 크게 물려받을 것도 없고, 탄탄대로인 직장에도 들어가지 못한 비정규직 사회초년생이었으니까. 13년 전 서울에 처음 올라와서 원룸에 월세로 살며 '어떻게 하면 서울에 집을 살 수 있을까', '어떻게 해야 내 인생을 좀 더 나아지게 할 수 있을까' 정말 매일같이 고민했던 것 같다. 낮에는 일을 하고 밤에는 부동산 강의를 듣고 주말에는 임장을 하면서 매일 그 생각들을 글로 남겼다.

처음엔 여전히 변하는 게 없는 것 같았다. 돈 없던 내가 살 수 있는 집은 '부동산 투자를 한다'고 당당히 말하기엔 다소 초라했고, 내가 매수하자마자 집의 시세가 억 단위로 뛰는 놀라운 기적은 벌어지지 않았다. 오르기는커녕, 나에게는 '초심자의 행운' 같은 것도 없어서 첫 투자를 하자마자 지옥 같은 하락장을 맛봐야만 했다. 비트코인은 또 어땠을까? 2017년 12월에 처음으로 비트코인에 투자해 봤는데, 2018년부터 제대로 하락장이 와서 아침에 일어나면 매일같이 '돈이 삭제당하는' 경험을 했다. 참 많이도 흔들렸다.

하지만 그 경험들을 하나씩 복기하며 '사이클'이라는 게 있다는 걸 깨달았고, 점점 투자자의 감도 생겨났다. 리스크는 줄이면서 좀 더 효율적이고 안전한 투자를 하는 방법도 알게 되었다. 이제는 러닝머신의 속도가 빨라져도 전보다는 훨씬 여유를 갖고 걸을 수 있을 것만 같다.

김승호 회장이 말했다. "회사 매출 1000억 원을 만들기는 아주 어렵다. 이건 복권에 당첨되는 것보다도 어려운 일인 것 같다. 하지만 그 10배인 1조 원을 만들기는 생각보다 쉽다. 이미 그 틀을 만든 사람들은 그게 불가능한 것이 아니라는 걸 안다." 자본주의 안에서 살아가는 것도 그렇다. 5000만 원을, 1억 원을 모으는 게 어렵다. 아무것도 모르는 상태에서 근로소득만으로 한 달에 100~200만 원을 죽어라 모으고, 짠내 나는 무지출 생활을 하며 허리띠를 조이고……. 그렇게 1000만 원, 2000만 원을 모아 1억 원을 모으는 것은 대기업 직장인에게도 쉽지 않다. 하지만 그 뒤부터는 1억 원이라는 종잣돈과 함께 일하며 2억 원, 3억 원이 금방 모인다. 나 역시 그 과정을 겪었기에 자신 있게 말할 수 있다. 경험해 보니 1억 원까지는 오래 걸렸는데 10억 원까지는 생각보다 그리 오래 걸리지 않았다. 자본주의가 돌아가는 방식을 알고, 자본주의에 걸맞게 행동한다면 말이다. 하지만 그러기까지가 참 지난했다. '누군가 옆에서 조언을 해줬으면' 하고 생각한 적이 한두 번이 아니다. 그래서 멘토가 절실했던 과거의 나를 떠올리며 이 책을 썼다. 부끄럽지만 내 11년 투자의 경험과 지식들을 한 권에 꾹꾹 눌러 담았다. 지나간 경험, 해묵은 지식일지도 모르겠지만, 간절한 누군가에게는 좋은 조언이 되기를 기대하며 모든 걸 담았다. 이 책을 펼친 여러분에게 나의 투자 일기가 도움이 되기를 진심으로 바란다. 마지막으로 이 책이 세상에 나오기까지 도와주신 다산북스 문주연 매니저님과 언제나 나를 지지해 준 사랑하는 가족들에게 감사를 전한다.

2025년 9월

홍샘

차 례

프롤로그 | 자본주의라는 러닝머신은 결코 멈추지 않는다   5

PART 1
왜 지금 상급지를 공부해야 하는가?
- 하락장에도 살아남은 것들의 비밀

왜 '아파트 100채 있는 사람'보다
'강남 아파트 1채 있는 사람'이 더 부러울까?   17

비트코인과 주식이 오르면 부동산도 오른다   25

결국 돌고 돌아 부동산이다   36

귀신같이 오를 타이밍을 잡는 세 가지 거시 기준   43

강남 입성을 위한 나만의 강남 찾기 전략   54

PART 2
어디가 뜨고 어디가 지는가?
- 강력한 모멘텀으로 천지개벽이 될 지역들

'어디'에 투자할지를 알려주는 세 가지 지표	69
천지개벽, 앞으로 주목해야 할 곳을 찾아라	77
진정한 상급지로 날아오를 곳을 찾아라	96
불멸의 호재는 학군이다	107
홍샘's TIP 강남을 보는 것보다 좋은 공부는 없다	120

PART 3
어떻게 투자자는 상급지를 선점하는가?
- 한 단계씩 위로 올라가는 상급지 매수 타이밍

돌고 돌아 다시 찾아오는 부동산 사이클	139
상승장의 상투를 잡고 깨달은 것들	155
낄 때 끼고 빠질 때 빠지는 기적의 타이밍	164

사이클을 알면 반드시 기회를 잡는다	170
투자의 바람은 정해진 방향대로 분다	177
흥샘's TIP 상승장의 마지막에 나오는 현상들	185

PART 4
결국 어떻게 강남에 도달할 것인가?
-수익률을 극대화하는 징검다리 전략

곧바로 갈 수 없다면 다리를 놓아라	195
종잣돈을 두 배로 불려준 세 개의 브릿지들	202
흥샘's TIP 고수들만 아는 발품의 디테일	210
타이밍에는 '기술'이 아닌 '양보'가 필요하다	219
반드시 수익을 남기는 네 가지 매도의 법칙	226
내가 투자하면서 포기한 세 가지	237
흥샘's TIP 투자에는 연어 정신이 필요하다	246

PART 5
행복한 투자를 지속하기 위해 기억해야 할 것들

조급함과 탐욕을 가장 조심해야 한다	257
무플보다 악플이 낫다	263
트렌드를 쫓는 투자는 금물이다	269
몰빵 투자 vs. 분산 투자	277
가난한 이는 망할 것만 생각한다	288
정말로 퇴사할 준비가 되어 있는가	295
흥샘's TIP 부동산 투자는 사람과 사람의 만남이다	300

PART 1

왜 지금 상급지를 공부해야 하는가?

하락장에도

살아남은 것들의 비밀

왜 '아파트 100채 있는 사람'보다 '강남 아파트 1채 있는 사람'이 더 부러울까?

20년 전과 지금 가장 많이 달라진 건 무엇일까? 하나를 꼽자면 나는 'SNS'의 존재를 고르고 싶다. 물론 20년 전에도 싸이월드, 블로그 같은 소셜 미디어는 있었지만, 지금처럼 불특정 다수에게 사진으로 내가 하고 싶은 말을 대신하는 인스타그램 같은 SNS는 없었다. 그래서인지 요즘은 '남에게 보이는 삶'이 이전보다 훨씬 중요해진 것 같다. 누구나 인스타그램으로 내 삶이 타인에게 어떻게 보이는지 실시간으로 확인하고, 또 타인의 삶을 엿보며 살아가고 있다. '나 이런 집에 살고 있어요' 또는 '나 이렇게 비싼 것 갖고 있어요'와 같이 말하는 듯한 사진을 업로드하며 은근히 나의 존재 가치를 타인에게 인정받으려는 사람도 많다. 일례로 오랜만에 한 대학교

후배와 연락이 닿았는데, 그 친구의 프로필 사진은 광교신도시 아파트 정문에서 찍은 것이었다. 마치 '나 광교 살아요'라고 광고하듯이 말이다. 아마도 이 후배는 '○○아, 너 수원 살고 있니?'라고 물어보면 '아뇨, 광교 살아요'라고 대답하지 않을까. 광교는 많은 이들에게 '워너비'인 곳, 내가 살고 있음을 보여주고 싶은 곳이니 말이다.

그렇게 다들 '남에게 보여줬을 때 부러움을 살 수 있는 곳'을 원해서인지, 이런 현상은 실제로 부동산 시세로도 나타나고 있다. 아마 '한강뷰 아파트'가 이토록 주목받는 것도 어느 정도는 SNS의 대유행에 기인하고 있을 것이다. 사진을 찍어 SNS에 올리기 너무 적합한 곳이지 않은가.

'상급'만 살아남는 현상이 비단 부동산에서만 보이는 건 아니다. 뭐든지 양극화가 트렌드다. 일례로 내가 대학교에 다닐 무렵만 해도 여자인 친구들을 보면 러브캣이나 코치 같은 중저가 가방도 많이들 들고 다녔는데, 지금의 대학생들은 고가의 명품 가방을 드는가 하면 또 다른 친구들은 아예 아주 저렴한 에코백을 들고 다닌다. 하이엔드급이거나 아니면 노브랜드거나, 즉 우리는 '중간이 없는 시대'를 걸어가고 있는 것이다.

심리적 요인과 현실적 요인의 복합체, '똘똘한 한 채'

그러한 심리적 요인이 반영되어서인지 현재 부동산에서 최고의 트렌드는 역시 '똘똘한 한 채'다. 아마 대한민국 국민이라면 지난 3년간의 부동산 시장을 기억할 것이다. 2022년 전 세계적으로 급격하게 금리가 인상되며 시장의 유동성이 크게 줄었고, 2023년과 2024년에 접어들면서 어느 정도 다시 돈이 풀리기는 했지만 그 유동성은 여전히 상급지에만 머물고 있다. 전국의 모든 돈이 서울, 그중에서도 강남 3구로 모여드는 형국이다.

유동성이 부족할 때는 상급지, 즉 위에서부터 자산 가격이 올라가고, 유동성이 풀려 넘쳐나기 시작하면 그 돈이 아래로 내려간다. 일종의 낙수 효과다. 지금은 금리 인하와 함께 돈이 풀리고 있는 시기라 상급지로 돈이 모이고 있지만, 아직까지는 상승 흐름이 강력하지 않아 중하급지로 돈이 넘어가지는 않고 있다. 그리고 이 현상이 더더욱 양극화를 강화한다. 서울 상급지들은 신고가를 경신하는 한편 수도권 중하급지나 지방은 잠잠해서 계속 격차가 벌어지는 상황이다. 물론 물은 언젠가는 아래로 흐르게 되어 있지만 말이다.

이처럼 똘똘한 한 채가 주목받는 건 온전히 요즘 사람들의 특성 때문만은 아니다. 부동산 투자는 기본적으로 정부 정책과 떼려야 뗄 수 없는 사이다. 지난 문재인 정부에서 취득세 중과라는 규제를 만들며 주택 수를 늘리기가 무척 부담스러워졌고, 이는 '똘똘한 한 채'라는 트렌드를 만들었다. 그리고 사실 이는 문재인 정부만의 특성이라기보다는 진보 정권의 기조다. 그리고 다시 이재명 정부가 들어섰으므로, 종합부동산세(이하 '종부세') 등의 부동산 세금이 많이 늘어날 것이라고 추측할 수 있기 때문에 더더욱 똘똘한 한 채 집중 현상이 강화된 것이다. 이를 증명하듯 2023년 초부터 전국에서 서울, 그것도 강남 3구가 가장 먼저 반등을 알렸고, 2025년 2월 오세훈 서울시장이 토지거래허가구역까지 일부 해제하면서 강남 3구가 폭등하는 결과까지 이어졌다.

상급지로 가는 티켓은 점점 줄어들고 있다

가뭄이 오면 호수는 가장자리부터 물이 마르기 시작한다. 부동산 시장도 마찬가지다. 수요가 줄어들기 시작하면 호수의 가장자리와도 같은 외곽 지역부터 영향을 받는다. 시중에 풀린 유동성이 줄어들면 자금은 자연스럽게 가장 수요가 높은 지역으로 몰리기 마련이고, 그 중심은 서울 그중에서도 강남이다.

실제로 2020~2021년까지는 부산의 아파트 두 채 정도만 팔아도 서울에서 괜찮은 아파트 한 채를 살 수 있었지만 지금은 부산 아파트를 세 채, 많게는 네 채를 팔아야 서울에서 좋은 아파트 한 채를 겨우 살 수 있는 수준이다. 유동성 부족, 지난 진보 정부의 지속적인 규제 그리고 앞으로 진보 정권인 이재명 정부의 정책에 대한 기대 및 우려가 작용한 결과라고 할 수 있겠다.

지난 상승장에 대해서는 알고 있어도, 현재의 상승장은 아직 잘 모르는 분들이 더 많을 것이다. 그런 분들을 위해 2024년 여름부터의 흐름에 대해 간단히 정리해 보고자 한다. 높았던 금리가 곧 내려갈 것이라는 기대는 실물 자산에 영향을 주었고, 그중에서도 강남의 집값은 2024년 여름, 곧 금리가 인하되리라는 기대와 함께 한차례 상승했다. 그리고 2024년 9월 미국에서 본격적으로 금리를 인하하자 시중에 다시 통화량이 늘며 유동성이 공급되기 시작했다.

늘어난 자금은 가장 수요가 집중되는 서울 강남으로 흘러들어갔고, 강남은 마치 블랙홀처럼 자금을 빨아들였다. 평균적으로 1년 중 거래량이 가장 적은 11월과 12월에도 별다른 가격 조정 없이 탄탄한 가격을 유지했고, 2025년 1월 대출 규제가 일부 완화되면서 거래량도 되살아났다. 여기에 앞서 말한 토지거래허가제 해제가 트리거가 되어 강남 시장은 급격한 오버 슈팅을 겪었다. 토지거래허가제가 해제되자 갭 투자가 가능해지면서 전국에서 갭 투자 수요가 몰린 것이다. 이와 더불어 실수요자까지 갈아타기에 뛰어들며 부동산 시장은 한층 더 뜨거워졌다.

반면 취득세 중과는 유지되면서 2주택 이상의 다주택자들은 여전히 부담을 느끼며 시장을 관망하고 있는 상태다. 여기에 2025년 6월 이재명 정부라는 새로운 진보 정권이 들어섰다. 진보 정권은 성장보다는 분배에 초점을 맞추고 있고, 분배를 위해서는 세수가 더 확보되어야 하므로 부동산 규제도 앞으로 더 강화될 가능성이 높다. 부동산은 가장 큰 세금원이기 때문이다.

정부가 추경(추가경정예산)을 단행하고 돈을 푸는 정책을 추진한다면 자산 시장이 한 번 더 상승하겠다는 흐름을 읽을 줄 알아야 한다. 나는 최근의 상황을 볼 때 현재의 부동산 취득세 중과는 유지되고, 앞으로 보유세나 양도세 인상이 이루어질 가능성이 높다고 예측한다. 이를 고려하면 앞으로도 다주택보다는 똘똘한 한 채에 집중하는 현상은 강화될 전망이다. 꼭 서울만을 이야기하는 것이 아니다. 지방에서도 지방 상급지로 점점 더 몰리게 된다는 뜻이다. 이와 반대로 수도권 외곽이나 지방 소도시의 수요는 점차 줄어드는 현상이 나타날 것이다.

그렇다면 부동산 시장은 앞으로 어떻게 될까? 금리 인하가 본격화되고 전국적으로 공급이 부족한 상황이 지속된다면 수도권과 지방 광역시는 한 번 더 상승할 가능성이 높다. 이때 너무 소액 투자에만 초점을 맞춰 수요가 부족한 지역이나 단지를 선택하면 상급지로 갈아탈 기회를 또 놓칠 수 있다. 즉, 지금은 가지고 있는 자금 안에서 어떻게 하면 더 좋은 입지, 상급지를 잡을 수 있을지 고민해야 할 시점이다. 집의 평수를 다소 줄여야 할지라도 말이다. 이번에 부동산 가격이 한 번 더 점프하게 된다면, 이후에는 상급지로 갈아타기 위해 드는 비용이 지금보다도 훨씬 더 커질 수도 있다. 어쩌면 지금이 상급지로 갈아탈 마지막 기회인지도 모른다.

상급지까지 가려면 '환승'이 필요하다

그렇다면 우리는 모두 강남 3구를 향해 달려가야 하는 걸까? '지향점'을 묻는다면 맞다. 한국부동산원의 주간 아파트값 동향 데이터에 따르면, 2024년에도 연간 누계치 기준 강남구는 0.32%, 노원구는 -0.61%의 변동률을 기록하여 양극화 현상이 있긴 했지만 그 차이가 1%p 미만이었다. 반면 2025년에는 두 지역의 매매 가격 변동률 격차가 6%p를 넘을 만큼 확대되었다. 상급지와 중하급지의 격차가 점점 벌어지고 있는 것이다. 이처럼 부동산의 초양극화 현상은 점점 더 심화되는 추세다. 또한 상급지는 하락장에는 가격 하락을 잘 방어하고, 상승장에는 가장 먼저 그리고 가장 크게 오르기에, 내 자산을 안전하게 지키고 불리기 위해서는 상급지를 지향해야 한다.

하지만 현실적으로 모두가 당장 강남에 갈 수는 없다. 그래서 필요한 것이 환승, 즉 갈아타기다. 하염없이 넓어 보이는 강도 차근차근 돌다리를 하나씩 놓다 보면 언젠가는 건너갈 수 있듯, 내가 가진 자금 안에서 가장 좋은 입지를 찾아 하나씩 더 나은 곳으로 이동하면 된다. 즉, 지금 당장 내가 강남에 갈 수 없다면 하급지에서 중급지로, 중급지에서 상급지로 순차적으로 올라가는 전략이 가장 현실적인 해법이라고 할 수 있다.

비트코인과 주식이 오르면
부동산도 오른다

"이제 부동산으로 돈 버는 시기는 끝난 것 같아요. 오를 곳은 이미 오를 대로 다 올랐고, 거품이 빠진 곳은 그냥 그 가격 그대로 유지되지 않을까요."

지난 하락장을 몸으로 겪어서 그런지, 부동산 가격이 올라가고 있다는 뉴스가 나와도 한편에는 이렇게 회의론을 이야기하는 사람도 있다. 내 지인도 부동산 투자를 전혀 모르는 직장 동료에게 이와 똑같은 말을 들었다고 전해줬다. 정말 부동산으로 돈 버는 시기는 끝난 걸까? 그럼 2022년 전의 상승장, 그리고 그 전의 부동산 폭등장 때는 뭐 때문에 그렇게 부동산 가격이 올랐던 걸까? 그리고 지난 상승장엔 일제히 올랐던 그 집들이 2022년엔 왜 또 그렇게나 떨어진 걸까? 특히 2022년에는 금리가 미친 듯이 올라가고 시중의 유동성이 빠져나가면서 주식, 코인, 부동산 등 모든 자산들이 큰 하락을 겪는 현상까지 있었다.

이를 설명하기 위해서 간단히 '통화량'에 대해 이야기해 보고자 한다. 1971년 8월 15일, 미국의 리처드 닉슨 대통령이 금 태환제를 공식 폐지한 이후 전 세계의 통화량은 장기적으로 꾸준히 증가해 왔다. 이후 통화량은 10년마다 평균 두 배씩 늘어나는 경향을 보였는데, 이는 즉 실물 자산의 가치가 10년마다 두 배로 오르는 동시에 화폐의 가치는 절반으로 줄어든다는 의미이기도 하다.

그런데 코로나 팬데믹 당시 경기 침체를 막기 위해 미국이 사상 유례없는 규모로 유동성을 늘렸다. 시중에 전보다 훨씬 많은 통화량이 공급되었다는 뜻이다. 전통적으로 통화량과 물가는 밀접한 관계가 있는데, 이처럼 급격히 늘어난 통화량은 자산 가격과 물가를 끌어올리는 계기가 되었다. 쉽게 말하면 시중에 돈이 많이 풀린 만큼 물가도, 주가도, 부동산 가격도 올랐다는 뜻이다.

시중에 돈이 많아진다는 것은 곧 돈의 가치가 떨어진다는 뜻이기도 하다. 통화량이 점점 늘어나면서 개인이 받는 월급이 늘어나고 물가가 상승하며 자연스레 돈의 가치는 떨어진다. 이런 흐름은 실물 자산, 그중에서도 대표적인 자산인 부동산에 큰 영향을 준다. 부동산은 의식주 중 '주', 즉 우리 삶의 필수재이므로 정부 정책이나 공급 상황에 따라 단기적으로는 등락을 반복하지만, 장기적으로는 통화량 증가에 따라 우상향할 수밖에 없기 때문이다.

누구나 일생에 한 번은 부동산에 관심을 가져야 하는 이유

실제로 28페이지의 그래프를 보면 시간이 지날수록 M2 유동성은 우상향하고, 그와 함께 전국아파트매매지수 또한 높아지는 걸 볼 수 있다. M2 유동성이란 시중에 돈이 얼마나 풀려 있는지를 나타내는 지표로, M2 유동성이 증가한다는 건 쉽게 말해 '사람들이 쓸 수 있는 돈이 많아진다'는 뜻이다. 돈이 많아지면 많아질수록 화폐의 가치는 하락하고, 집값을 비롯해 전반적인 물가가 올라간다. 이는 불변의 진리다.

물론 사치품이야 '이렇게 올랐다니, 이 돈을 주고 살 바엔 안 산다!'라고 할 수 있다. 하지만 집은 다르다. 삶에 꼭 필요하기에 울며 겨자 먹기의 심정으로 '비싸다'고 곡소리를 하면서도 돈을 지불해야 한다. 그러니 부동산 가격도 장기적으로 보면 통화량의 증가와

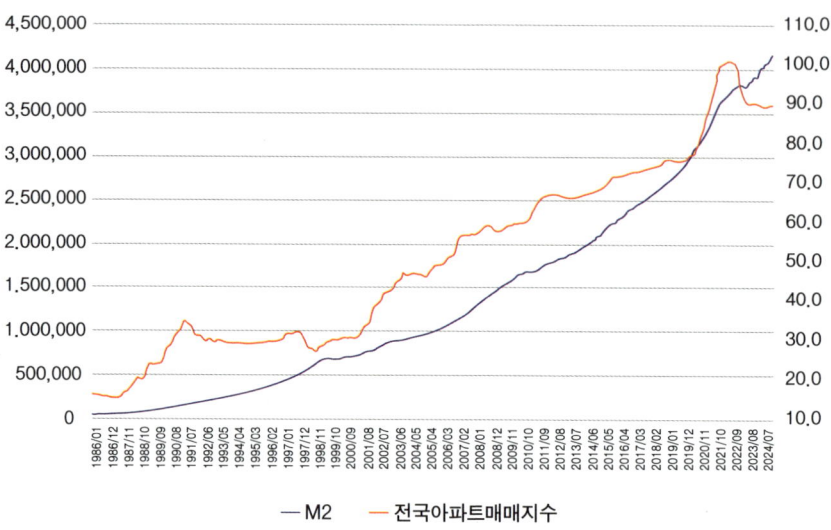

함께 우상향할 수밖에 없는 것이다. 따라서 이런 경제적 흐름 속에서 자신의 자산을 지키려면 일생에 한 번은 꼭 부동산에 관심을 가져야 한다. 화폐가치는 매년 떨어지고 있기에, 부동산 투자와 내 집 마련은 화폐가치 하락에 대해 효과적인 방어책이 된다. 예·적금만 믿고 현금만 보유하다가는 계속 늘어나는 통화량 때문에 물가와 자산 가격이 동시에 상승해, 나중에는 낭패를 볼지도 모른다.

예를 들어 2억 5000만 원의 자금이 있다면 지금은 전세를 끼고 매수한다고 해도 서울 노원구의 중계그린 21평 정도밖에 살 수 없지만, 10년 전인 2015년에는 서울 송파구의 잠실엘스 33평을 살 수 있었다. 만약 2015년에 똑같은 자금을 갖고 한 명은 저축을 선택하고, 다른 한 명은 부동산 매수를 선택했다면 전자는 상대적으로 '벼락거지'가 되었다는 박탈감을 느낄 것이다. 실은 집값이 올랐다기보다는 그만큼 돈의 가치가 떨어졌다고 보는 게 옳다.

부동산은 상승과 하락을 반복하면서 사이클을 만들어간다. 한 번 크게 하락했다고 해서 계속 하락하지도, 크게 상승했다고 해서 계속 상승하지도 않는다. 지금은 2022년의 큰 하락장을 지나 서울을 중심으로 부동산 시장이 다시 상승세로 돌아서는 흐름을 보이고 있다. 이런 시기에는 종잣돈을 모으는 한편 타이밍을 꾸준히 지켜봐야 한다. 그리고 그 타이밍이 왔다고 판단된다면 주저하지 말고 행동에 나설 필요가 있다.

물론 누구나 처음부터 부동산에 투자할 자본을 가지고 있는 것은 아니다. 처음에는 종잣돈을 모으기까지 시간이 필요하다. 또한 무턱대고 저렴한 집을 사기보다는 일정 수준의 종잣돈이 모이기까지는 부동산 투자가 아닌 다른 방법으로 자산을 모으는 걸 추천하고 싶다. 일단 지출을 줄이고 저축을 늘려 종잣돈을 모으되, 주식이나 가상자산 투자를 통해 종잣돈을 키워가는 전략이 필요하다. 하지만 3~4억 원 이상의 자금이 모여 부동산 매수를 고려할 수 있게 된다면, 대출이라는 지렛대를 기꺼이 활용해 내 집 마련에 나서야 한다고 나는 강력하게 주장하고 싶다.

고수들이 기회의 타이밍을 판단하는 법

옆집 현철이가 코인으로 돈을 벌고 있다고 한다. 작년에 1개당 8000만 원에 산 비트코인이 올해 1억 6000만 원이 넘었다고 자랑을 한다. 앞집 현수는 올해 초, 한참 국내 주식들이 하락할 때 삼성전자를 5만 원 초반에 매수했는데 지금은 조금씩 회복해 7만 원을 넘겼다고 희망 찬 이야기를 했다.

이 이야기를 들은 으뜸이는 고민이 많아졌다. 잘 살아보겠다고 한 번도 가보지 않은 지방 중소도시에 집을 여러 채 사뒀는데, 최근 실거래가를 보니 자신이 산 가격보다 훨씬 떨어진 것이다. 다행히 아직까지는 기존 전세 세입자들이 계속 거주하고 있어서 역전세 상황에 처하진 않았지만, 전세 만기일이 다가올 때마다 조마조마한 게 사실이다. '차라리 좀 손해를 보더라도 사둔 아파트를 다 팔고, 비트코인에 올인하는 게 낫지 않을까?' 하고 자문한다. 자, 이런 상황에서 안 오른 부동산은 팔고 이미 오른 코인에 투자하는 게 맞는 걸까?

많은 사람이 비트코인, 주식, 부동산 등 다양한 종목에 투자한다. 그리고 그 각각의 투자 종목이 서로 별개이며, 각개전투를 벌인다고 인식한다. 그나마 비트코인과 주식은 연관되어 있다고 생각하기도 하지만, 대부분이 부동산은 나머지 두 종목과 전혀 관련이 없다고 여긴다. 부동산 투자자들 중에는 오로지 부동산에만 관심을 가질 뿐 비트코인과 주식에는 아예 흥미가 없는 사람도 많다. 정말 이

비트코인 가격 추이

2021.11 최고점
최고 82,700,000(+5.08%)

2022.12 최저점
최저 20,700,000(+319.81%)

— 5일 이동평균선 — 20일 이동평균선 — 60일 이동평균선 — 120일 이동평균선

S&P 500 지수 가격 추이

서울 부동산 매매지수(출처: 손품왕)

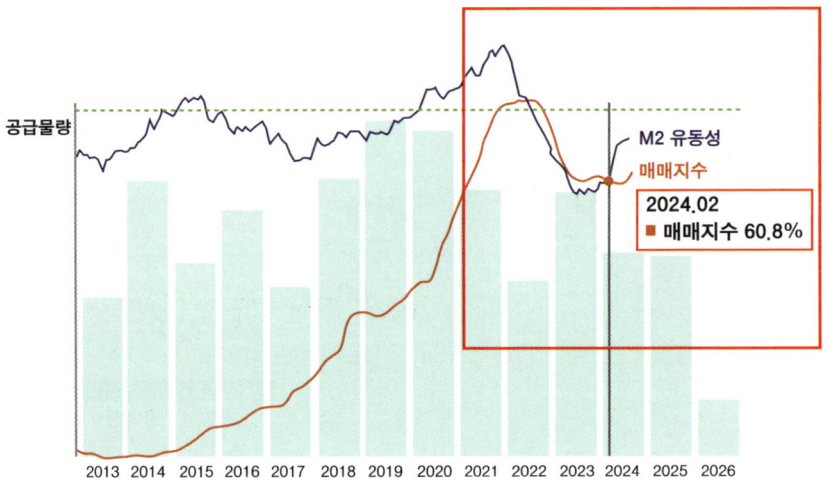

세 개의 종목은 아무 상관없이 서로 다른 흐름을 보일까?

비트코인과 S&P 500 그리고 서울 부동산 매매지수 세 개의 그래프를 나란히 비교해 보자. 2020년 초, 코로나 팬데믹이 찾아오며 비트코인과 주식 시장은 크게 하락했고, 이때 부동산 시장도 일시적인 관망 장세를 보였다. 하지만 같은 해 5월부터 비트코인이 오르기 시작하며 주식 시장도 반등하기 시작했고, 부동산도 여름부터 전국에 본격적인 상승세가 찾아왔음을 확인할 수 있다.

이때에 대해 좀 더 상세히 말하자면, 서울·경기 부동산 전역이 크게 상승했고 지방에서는 부산·대구·광주광역시를 비롯해 여러 도시가 상승하는 모습을 보였다. 2020년 가을로 넘어서면서부터는 중소도시도 미분양 물량을 거의 다 소진하며 상승을 시작했다. 이러한 연쇄적인 상승은 2021년이 되며 인구수 50만 명 미만의 도시로도 번져, 전국에서 안 오르는 도시를 찾기 힘든 지경이 되었다.

하지만 2021년 말 대출 규제가 발표되며 전국의 부동산 가격은 조금씩 하락하기 시작했다. 얼마 지나지 않아 2022년 2월에 루나코인 사태가 터지며(상세히 기술하기는 힘들지만, 알트코인 중 하나인 '루나'의 가치가 폭락하며 수십조 원대의 투자 피해를 초래한 참사다) 코인 시장이 크게 출렁였다. 설상가상으로 금리가 크게 오르기 시작하며 6월 이후 코스피도 급락해 주식 시장에는 냉기가 감돌았다. 동일한 시기,

보합권에 머물며 '조정장', '보합장' 소리를 듣던 부동산 시장도 하락의 낌새를 보이기 시작하다가 2022년 8월 늦여름부터 미친 듯이 하락하기 시작했다. 이러한 상황을 살펴보면 코인과 주식, 부동산은 별개가 아니며 유기적으로 움직인다는 사실을 알 수 있다.

비트코인과 주식은
부동산 가격의 선행지표다

나는 2022년 봄에도 전국의 부동산 시장에 거품이 껴 있다는 걸 짐작하고 있었기에, '대체 언제부터 하락할까?'를 끊임없이 물었다. 그러나 분석하고 또 분석해도 그 답을 부동산 시장 안에서는 찾을 수 없었다. 그러다가 코인 시장과 주식 시장이 무너진 후 부동산 시장도 곧바로 급격한 하락장에 접어드는 걸 보며 그제야 무릎을 쳤다. 뒤늦게 안 것이다. 비트코인과 주식에서 나오는 신호들이야말로 부동산 시장의 선행지표임을!

당시 나는 리스크 헤지를 위해 서울을 비롯해 전국의 부동산에 투자를 해놓은 상태였다. 각 지역마다 사이클이 다르니 어느 한 지역이 하락장을 맞이한다고 해도 다른 지역은 상승을 하며 든든하게 방어선 역할을 해주리라고 생각한 것이다. 그러나 이는 잘못된 예측이었다. 지방 중소도시일수록 하락은 길지만 상승은 짧았다. 서울과 수도권이 하락하기 시작하니 그 냉기가 지방 중소도시까지 퍼지는 건 정말 순식간이었다. 그나마 일찌감치 위험을 감지해 대출을 다 갚고 포트폴리오를 조정하며 내 나름대로 위기를 대비해 놓아서 다행이었다.

이 세 개의 자산이 유기적으로 움직인다는 걸 깨달은 순간부터는 비트코인과 부동산 투자를 병행하며 언제나 세 자산 시장의 흐름에 촉을 세우고 있다. 비트코인은 거시경제에 예민하게 반응하기에, 부동산 투자의 흐름을 예측하는 데 큰 도움이 된다.

결국 돌고 돌아 부동산이다

자산 시장에 그린라이트가 켜지면 사람들은 비트코인과 주식처럼 엉덩이가 가볍고, 누구나 쉽게 접근할 수 있는 것부터 투자하는 경향이 있다. 그래서 비트코인과 주식 시장이 오른다는 소식이 들리면 약간의 시간차를 두고 부동산 시장에도 온기가 돈다는 기사가 나오기 시작한다.

실제로 2022년 하락장 이후, 2023년 1월 비트코인이 거의 최저점인 2000만 원에 근접하자 멈출 줄 모르던 금리의 상승에도 제동이 걸렸다. 어느덧 금리가 인하될 거라는 소식이 들리자 비트코인은 다시 상승하기 시작해 2024년 3월 다시 1억 원을 넘어섰고, 미국 주식 시장에도 훈풍이 불어왔다.

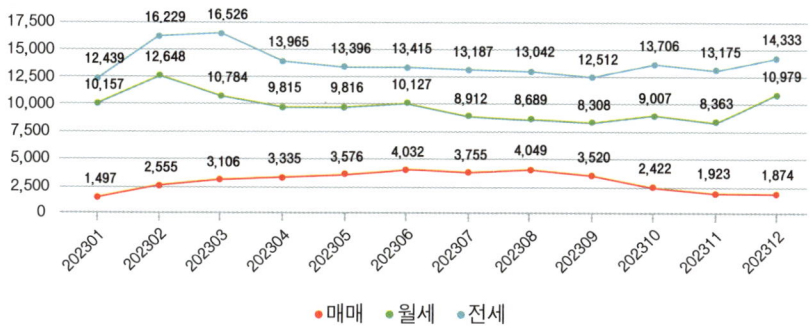

2023년 1~12월 서울 아파트 거래량

이러한 여파는 부동산 시장에도 당연히 영향을 미쳤다. 2023년부터 조금씩 사람들 사이에 '다시 집을 사야 한다'는 말이 들려오기 시작한 것이다. 실제로 2023년 서울 아파트 거래량을 보면, 1월에는 약 1500건에 지나지 않았던 거래량이 6월이 되며 4000건을 넘어선 걸 볼 수 있다. 비록 부동산 비수기와 특례보금자리론의 종료가 겹치며 11월부터 거래량은 다시 2000건 미만으로 떨어졌지만, 고수들은 자산 시장에 조금씩 물이 들어오고 있다는 사실을 눈치챘다. 비트코인과 주식, 부동산에 물이 들어오는 시기는 각각 다르지만 똑같은 '자산 시장'이라는 맥락에서, 어딘가에 물이 들어오기 시작하면 결국 모든 시장에 물이 차게 되는 것이다.

비트코인에서 부동산으로,
가벼운 곳에서 무거운 곳으로

이처럼 자산 시장에 본격적으로 물이 들어오는 시기를 흔히 '자산 팽창기'라고 부른다. 그런데 왜 비트코인과 주식에서 부동산으로, 즉 엉덩이가 가벼운 순서부터 물이 들어오기 시작해 부동산까지 점점 퍼지는 걸까?

비트코인과 주식은 접근성이 좋다는 장점이 있지만, 그만큼 변동성이 크다는 단점도 있기 때문이다. 비트코인과 주식은 변동성이 크고, 거시경제에 예민하게 반응하는 편이기에 많은 투자자가 어느 정도 수익을 올리고 나면 안전 자산으로 갈아타려는 경향을 보인다. 특히 비트코인의 경우 365일 24시간 활성화되어 움직이는 시장이며 그 변동 폭 또한 상상 이상으로 크기에, 하락이나 조정 기간에 피로도가 매우 높다. 그래서 비교적 변동성이 낮은 부동산으로 자신의 자산을 옮겨놓는 것이다.

실제로 2024년 9월 미국이 드디어 금리 인하를 알리자 비트코인은 크게 오르기 시작했고, 얼마 후 영리치$_{young\ rich}$들이 강남·용산 등 상급지 부동산을 매수한다는 이야기가 심심찮게 들려왔다. 2025년 1월, 1999년생 매수자가 서초구의 래미안원베일리를 63억 원에,

1998년생 매수자가 용산구의 한남더힐을 94억 5000만 원에 매수했다는 기사가 나오기도 했다. 둘 다 대출 없이 전액 현금으로 말이다. 모두 매수 시기인 2024년 기준 20대 중반인 영리치들이다. 기사도 가상화폐나 주식으로 단기간에 큰돈을 벌어들인 이들이 부동산으로 자산을 옮기고 있다고 추측했다.

부동산 투자자도 비트코인과 주식에 촉을 세우고 있어야 하는 이유

설사 비트코인이나 주식에 일절 투자하지 않고 부동산에만 투자한다고 해도 이 두 자산의 흐름에 촉을 기민하게 세우고 있기를 강력히 추천한다. 비트코인과 주식 시장에 상승의 조짐이 나타나면, 부동산 시장이 앞으로 긍정적으로 전향되리라는 걸 눈치채야 하기 때문이다. 그리고 빠르게 나의 돈을 실물 자산으로 바꾸는 작업에 들어가야 한다. 자산 팽창기에는 시간이 지날수록 돈의 가치가 점차 떨어지므로, 내가 가진 돈을 향후 가치가 더 높아질 대지지분으로 바꿔야 하기 때문이다.

국가는 계속 돈을 찍어내며, 그에 따라 시간이 지나면 자연스레 물가는 지속적으로 상승할 수밖에 없다. 세상에 돈이 흘러넘치면서 돈의 가치가 결국 하락하게 되기 때문이다. 반면 입지가 좋은 땅은 희소하다. 국가가 더 만들어낼 수도 없다. 이처럼 입지란 제한적인 자원이기에 결국은 오르게 되어 있다. 따라서 자산 팽창기가 오기 시작하면 내 돈을 좋은 입지의 아파트나 땅으로 바꿔놓아야 하는 것이다. 과연 내 집 마련을 하는 게 맞을지, 다시 또 금방 하락장이 오진 않을지 망설이는 사이, 눈치 빠른 누군가는 이미 돈을 실물 자산으로 옮겨두고 있다.

이재명 정부가 들어선 지금 곳곳에서 추경 이야기가 나온다. 시중에 돈이 풀리고 있고, 금리는 조금씩 내려서 대출 이자가 줄어들고 있다. 이처럼 돈이 풀리며 자산 수축기에서 팽창기로 가고 있는 상황에서는 촉을 예민하게 세우고 이 돈이 어디로 향할지를 예측해 상급지를 미리 선점해 놓는 작업이 필요하다.

하락장이든 상승장이든
준비된 투자자가 승리한다

2025년 봄, 서울 선유도공원으로 나들이를 나갔을 때의 일이다.

다리를 건너던 중 많은 사람이 몰려들어 한 방향을 가리키고 있는 모습이 눈에 띄었다. 무슨 일인가 하고 보니, 한 낚시꾼이 한강에서 낚시를 하다가 아주 커다란 잉어를 잡은 것이었다. 그런데 뜰채를 안 가져온 그는 잉어를 건지지 못해 한참 실랑이를 벌였다. 얼마 안 가 잉어는 유유히 도망가고 말았다.

    투자도 마찬가지다. 아무리 좋은 기회, 절호의 타이밍이 찾아와도 정작 나 자신이 준비되어 있지 않으면 기회는 내 앞을 그저 지나쳐버린다. 한번 자문해 보자. 좋은 기회를 건져 올릴 뜰채를 지금

뜰채를 준비해 놓지 않으면, 기회를 영영 놓쳐버릴지도 모른다.

갖고 있는가? 제대로 준비하고 있는가? 기회란 언제, 어디서 찾아올지 알 수 없는 것이다. 늘 현장을 주의 깊게 살피며, 기회가 찾아왔을 때 망설이지 않고 내 것으로 만들 수 있도록 만반의 준비를 갖춰놓자. 그게 자산을 키우는 첫걸음일 것이다.

귀신같이 오를 타이밍을 잡는
세 가지 거시 기준

그럼 대체 어디에 가서, 어떤 물고기를 잡아야 한단 말인가? 답은 아주 심플하다. 오를 만한 입지를, 오를 타이밍에 사면 된다. 매우 간단하지만 어려운 이 답을 찾아내기 위해, 11년간 부동산 투자를 하며 배운 나의 투자 기준을 몇 가지 공개해 보려 한다.

일단 나는 앞으로 부동산 가격이 오를지 아니면 내릴지, 즉 지금이 투자할 타이밍인지는 다음의 세 가지 지표를 보고 판단한다. 중요한 순서대로 말하자면 첫째 '금리와 통화량', 둘째 '수요와 공급', 마지막으로 '정책'이다.

첫째, 금리와 통화량
풀린 돈은 부동산으로 들어간다

금리와 통화량을 보면 시중에 돈이 얼마나 풀리고 있는지, 혹은 돈이 회수되고 있는지를 판단할 수 있다. 가장 최근의 상승장과 하락장을 살피면 금리 및 통화량과 부동산 가격의 상관관계가 쉽게 눈에 들어온다. 최고의 상승장이었던 2020~2021년은 시중에 돈이 엄청나게 풀리던 시장이었다. 통화량이 급격하게 풀리고 금리가 내려가면서 모든 자산의 가격이 상승했다. 반대로 2022년은 시중의 돈이 회수되던 시장이었다. 정부가 통화량 푸는 속도를 줄였고, 전 세계적으로 금리가 올라갔으며 그러자 모든 자산의 가격이 폭락하는 사태가 발생했다. 부동산이라고 해서, 비트코인이라고 해서 금리와 통화량의 영향을 피할 수는 없는 법이다. 따라서 투자를 하는 사람이라면 지금은 돈이 풀리고 있는 시기인지, 또 금리가 지금보다 내려갈지를 면밀하게 체크하고 있어야 한다.

45페이지의 M2 유동성 그래프를 보면, 2021년부터 2022년 4월까지는 급격히 올라가다가 그 후부터 곤두박질치는 모습을 확인할 수 있다. 이는 그대로 부동산 시장에 영향을 미쳐, 2022년 5월경부터 전국의 부동산 거래량이 줄기 시작하더니 8월부터는 부동산 가격

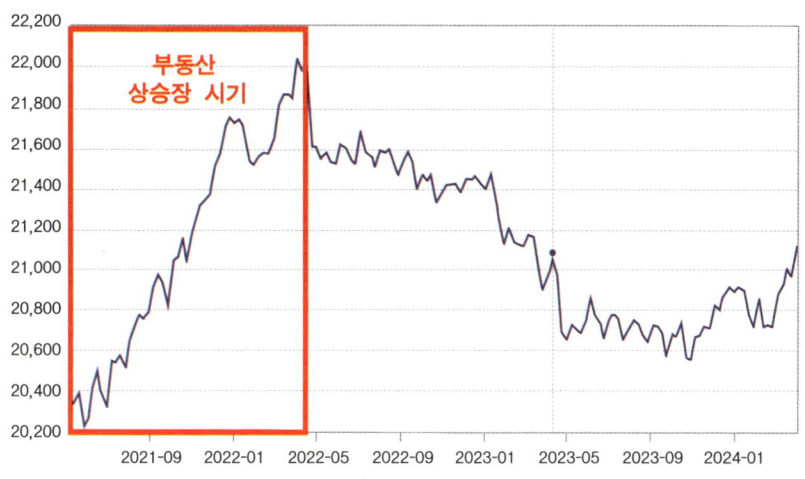

이 미친 듯이 폭락하기 시작했다.

  2023년에 서울 강남권과 세종시 등 일부 지역에서 거래량이 반등하긴 했으나 전체적인 분위기는 여전히 침체되어 있었다. 이유는 간단하다. M2 유동성 그래프를 보면, 2022년 5월부터 2023년까지 중간중간 반등하는 시기는 있으나 통화량은 계속 완만하게 떨어지는 모습을 보이고 있다. 이렇게 시중에 돈이 없으니 부동산으로 갈 돈 또한 없는 것이다. 그리고 M2 유동성 그래프가 반짝 올라가기 시작한 2024년부터 부동산도 함께 기지개를 켰다. 2024년 봄부터 서울의 부동산 가격이 다시 오르기 시작했고, 여름까지 상당한 거래량이 나왔다.

  지금은 어떨까? 2025년 9월 현재, 연말까지 추가로 1~2회의 금리 인하가 있다는 이야기가 돌고 있다. 미국과 우리나라 모두 금리를 인하하는 기조이기에 시중에 통화량이 증가할 가능성이 높다. 이 통화량은 고스란히 부동산과 같은 자산 시장으로 흘러들어가, 결국 가격 상승을 촉발하는 촉매제가 되어줄 것이다.

둘째, 수요와 공급
수요가 많으면 가격도 오른다는 경제의 진리

  수요와 공급, 줄여서 수급은 학교에서도 배우는 경제의 기본 원리다. 공급 대비 수요가 많을수록 가격은 올라가고 반대로 수요 대비 공급이 많을수록 가격은 낮아진다. 부동산도 마찬가지다. 다만 부동산 투자에서 수급을 판단할 때는 첫 번째 기준인 '금리와 통화량'과는 달리 좀 더 세부적인 접근이 필요하다. 지역별로 수급을 확인해야 한다는 뜻이다.

  부동산에서 수요는 '그 도시에 사는 인구가 얼마나 많은지'를, 공급은 '당해에 입주하는 아파트가 얼마나 많은지'를 확인하면 된다.

100% 맞아떨어지는 것은 아니지만, 공급 부족이 장기화되면 전세가가 오르면서 매매가도 함께 오르는 패턴을 보인다.

　주식이나 비트코인은 가격이 너무 고평가되었다고 판단될 경우 '매수하지 않는다'는 선택지를 고를 수 있다. 하지만 부동산은 다르다. 매매를 하든 전월세로 살든 누구에게나 필요한 필수재이기에, 공급이 부족하면 자연히 가격이 더 오를 수밖에 없는 것이다. 또한 현실적으로 자신의 생활권을 수십 킬로미터씩 넘으면서 살 수 없기에 한 도시의 수요가 갑자기 급증하거나 급감하는 경우는 거의 없다. 따라서 인구를 통해 도시의 수요를 유추할 수 있다.

서울 및 6대 광역시 2024~2027년 수급(출처: 부동산지인)

구분 (지역)	인구수	2024년			2025년			2026년			2027년		
		수요량	입주량	범례	수요량	입주량	범례	수요량	입주량	범례	수요량	입주량	범례
서울	9,325,616	48,111	41,989	적정	48,120	39,182	적정	48,165	11,146	부족	48,172	9,584	부족
부산	3,252,830	16,926	17,213	적정	16,931	12,785	부족	16,906	12,919	부족	16,916	15,059	적정
대구	2,357,052	12,154	32,372	과잉	12,158	12,449	적정	12,169	9,827	적정	12,169	1,098	부족
인천	3,039,450	14,960	34,949	과잉	14,969	24,017	과잉	14,968	15,070	적정	14,970	14,132	적정
광주	1,399,082	7,273	9,863	초과	7,268	5,155	부족	7,273	11,692	과잉	7,276	7,702	적정
대전	1,439,764	7,343	13,141	과잉	7,343	11,047	과잉	7,344	6,388	적정	7,343	16,912	과잉
울산	1,093,665	5,670	4,065	부족	5,673	4,072	부족	5,669	4,641	적정	5,669	3,841	부족

그렇다면 지금 우리는 어떤 상황을 맞이하고 있을까? 47페이지의 표를 보면 서울은 2025년 하반기를 기점으로 공급이 줄어들기 시작해 2026년부터 공급 절벽을 맞이한다. 이는 사실 지난 2022년 급격한 하락장이 미친 영향이다. 공사비가 오르면서 재건축·재개발이 지연되는데, 부동산 시장은 하락을 맞아 가격이 내려가면서 건설 경기가 얼어붙는 바람에 상당수의 건설 사업장들이 멈춰버린 탓이다. 서울은 공급할 아파트를 지을 땅도 없어서 이제는 재건축·재개발과 같은 구도심 재생을 제외하고는 공급을 할 수가 없다. 물론 정부가 다시 부지런히 공급 정책을 내서 서울의 공급 부족을 해결하려 애쓰겠지만, 아파트는 빵처럼 하루아침에 뚝딱 생겨나는 게 아니다. 공급책을 마련한다 해도 건설하는 데 최소 3년 이상은 걸릴 것이기에, 서울은 최소 2027년 말까지 심각한 공급 부족에 시달릴 확률이 높다.

또한 이는 서울만의 문제가 아니다. 급격한 하락장은 우리나라 전역에 영향을 미쳤고, 거의 전국이 동시에 공급 부족 시기에 직면하게 되었다. 울산은 2024년부터 공급이 줄어들기 시작해 전세난이 심화되었고, 세입자들이 이미 전월세 대신 매수에 나선 상태다. 이제 그 흐름은 부산으로 가고 있다. 울산과 부산, 대구는 2026년에 공급 부족이 누적되면서 전세난이 심각해질 것으로 보인다. 다만 광주는 2026년, 대전은 2027년에 일시적으로 공급 과잉 시기를 맞기에 이 지역들은 그 시기에 상대적으로 상승이 눌릴 수 있다.

셋째, 정책
이재명 정부는 어떤 길을 제시할 것인가?

마지막으로 정책이다. 정책은 세 가지 요소 중 가장 영향을 적게 미치긴 하지만, 상황에 따라 투자에 큰 타격을 입을 수도 있으므로 언제나 주의 깊게 지켜봐야 한다. 또한 이재명 정부는 이제 막 시작하는 시기이기에 좀 더 조심스럽게 지켜볼 필요가 있다.

실제로 2025년 조기 대선으로 이재명 정부가 들어설 것으로 예상되자 4~6월 강남 3구를 중심으로 서울 중심부부터 부동산 가격이 급등하는 형세를 보였다. 6월 연합뉴스의 보도에 따르면 서울 아파트값은 21주 연속 오름세를 이어가고 있고, 강남 3구는 물론 성동구와 마포구 등 한강벨트까지 급격한 상승세를 보이며 거래량도 급등하고 있다.

이 상승을 진정시키기 위해 이재명 정부는 출범 직후 첫 번째 정책으로 '대출 규제'를 꺼내 들었는데, 이는 예상보다도 강력했다.

수도권(서울, 경기도, 인천) 전체에 대해 주택담보대출을 6억 원까지로 제한하고 소유권 이전 시의 전세대출 실행을 막음으로써 갭 투자를 제한하는 규제를 내놓은 것이다.

이로써 수도권에 실거주하지 못하는 상황인 사람이 수도권에 집을 사려면 첫째, 전세대출을 받지 않는 세입자를 들이거나 둘째, 기존의 전세 세입자를 승계받아서 사는 방법밖에 남지 않았

6·27 가계부채 관리 강화 방안(출처: 대한민국 정책 브리핑)

(3) 주택구입목적 주담대 여신한도 제한

금융회사가 수도권·규제지역 내에서 취급하는 주택구입목적 주담대(정책대출: 자체한도 적용, 중도금 대출: 적용 제외)의 **최대한도를 6억원으로 제한**하여, 고가주택 구입에 과도한 대출을 활용하는 것을 제한하기로 하였다.

	현행	개선 방안	시행 시기
주담대 최대한도	총액한도 없음	수도권·규제지역 **6억원***	'25.6.28일

* ①실제 대출금액은 6억원 한도 내에서 LTV, DTI, DSR 비율 등에 따라 상이
  ②6억원 한도는 주택구입목적 주담대로 한정
   →다만, 중도금대출은 제외되며 잔금대출로 전환시에는 6억원 한도 적용

셋째, 수도권·규제지역 내 주택구입시 주담대를 받은 경우 6개월 이내 전입 의무를 부과하여 금융권 대출은 실거주 목적에 한해 활용할 수 있도록 한다. 이는 정책대출(보금자리론)에도 동일하게 적용할 예정이다.

	현행	개선 방안	시행 시기
주택구입목적 주담대 시 전입의무	全지역 전입의무 없음	수도권·규제지역 **6개월 이내 전입**	'25.6.28일
		지방(규제지역外) 전입 의무 없음	

넷째, <u>수도권 · 규제지역내 소유권 이전 조건부 전세대출</u>*을 금지**하여 실거주가 아닌 갭투자 목적의 <u>주택구입</u>에 금융권 대출자금이 <u>활용되지 못하도록</u> 한다.

* 주택 매수자(또는 수분양자)가 전세보증금으로 매매대금 또는 분양잔금을 납입할 때 <u>활용되는 전세대출</u>
** 전세대출 심사 시 임대차계약서 상 임대인과 임차주택 소유주가 다른 경우 취급 금지 등

	현행		개선 방안	시행 시기
	규제	자율관리(은행별 상이)		
전세대출 제한	-	소유권 이전 조건부 전세대출 취급 금지	수도권·규제지역 **소유권 이전 조건부 전세대출 금지**	'25.6.28일

3. 기존 1주택 보유자가 수도권·규제지역에서 중도금·이주비 대출을 받는 경우 기존 주택을 처분해야 하는지?

☐ '25.6.28일 이후 입주자 모집공고가 시행된 수도권·규제지역 아파트를 분양 받는 경우 신규 주택의 소유권 이전 등기일로부터 6개월 이내에 기존 주택을 처분해야함

다. 이 강한 대출 규제로 서울의 상승세는 당분간 잠시 사그라들 가능성이 높아졌다. 다만 이는 부동산 상승의 큰 원인인 금리 인하와 공급 부족, 유동성 증가를 해결하는 방안이 아니기에 일시적으로 가격을 누르는 임시방편에 지나지 않는다. 그러므로 시간이 흐르면 서울의 가격은 다시 꿈틀거릴 수밖에 없을 것이다. 또한 갭 투자를 막고 새 아파트 입주 시에 전세를 놓지 못하게

하면 전세 매물은 귀해지고, 전세가가 상승할 수밖에 없다. 정책대로라면 2026년부터 서울은 큰 전세가 상승 이슈에 직면하게 될 것이다.

더불어 6·27 대책은 정비사업의 이주비 대출에 대한 기준도 강화했는데, 1주택자는 기존 주택을 처분하는 조건을 걸었으며 2주택 이상을 가진 사람은 이주비 대출을 아예 못 받게 한 것이다. 당장의 가격 상승을 막을 수는 있을지 모르나, 이주비 대출에 문제가 생기면 정비사업 진행에도 차질이 생기기 마련이다. 이는 향후 서울의 공급에 큰 장애 요소로 작용할 수 있다고 본다. 그러면 상급지나 한강변, 학군지와 같이 많은 이가 선호하는 지역의 신축은 지금보다도 훨씬 더 희소해져서 더욱 큰 폭의 상승이 이뤄질 것이다.

추가로 발표된 9·7 대책을 봐도, 공급 대책은 공공주택 위주이며 이마저도 2~3년 안에 실제로 입주 가능한 것이 아니기에 서울의 공급 부족은 불가피해 보인다. 또한 국토부 장관에게 토지거래허가구역을 추가로 지정할 수 있는 권한을 준 점과 규제지역의 주택담보대출 LTV를 40%로 줄인 점에서 서울의 상승세를 묶고자 하는 의지가 강력함을 확인할 수 있다. 이 조항들은 강남 3구 다음으로 상승세를 보이는 곳과 현재 거래가 늘고 있는 12억 원 이하의 중저가 지역에 추가로 규제가 생길 수 있다는 것을 암시한다. 결국 서울에 진입하려면, 남아 있는 시간이 별로 없다는 결론을 내릴 수 있다.

이재명 정부의 정책 기조는 풀린 돈이 서울 부동산이 아닌 주식과 지방 부동산으로 향하길 유도하고 있다고 해석할 수 있다. 그렇기에 투자자 입장에서는 이 흐름을 거스르기보다는 현명하게 활용하는 전략이 필요하다. 정부는 앞으로도 수도권에는 추가적인 규제책을 꺼내 들 가능성이 있다. 반면 지속적인 하락장을 겪고 있는 지방은 이와 반대로 부양책을 내놓을 확률이 높다고 본다. 그렇게 되면 서울의 달아오른 투자 열기는 시간이 갈수록 지방까지 퍼져 큰 도시에서 작은 도시로 전도될 것이다. 전국적으로 돈이 풀리고 있으며, 금리는 인하되고 공급은 점점 줄고 있기 때문이다. 전세가와 매매가가 조금씩 만나기 시작하며 매매가를 끌어올리는 흐름이 올 것으로 추측된다.

따라서 서울의 부동산 가격이 범접할 수 없을 만큼 올랐다고 해도 낙담할 필요는 없다. 오히려 지방에 실거주하는 지방 투자자라면 내 주변 지역에서 기회를 찾아보는 것도 현재는 좋은 선택이다. 해당 도시에서 가장 선호하는 상급지를 노리는 것도 방법일 수 있다. 만약 종잣돈이 부족한 상황이라면 정부의 기조에 맞추어 주식이나 가상자산으로 자산 확장을 노리는 것도 좋은 선택일 것이다.

강남 입성을 위한
나만의 강남 찾기 전략

 타이밍을 눈치챘다 해도 '어디에' 가야 할지를 찾지 못하면 허둥대다가 이상한 곳에 도착해 버릴지도 모른다. 모두가 원하는 강남, 즉 강남구, 서초구, 송파구라는 상급지에 갈 수 있을 만큼 자산이 충분하다면 큰 걱정거리는 없겠지만, 현실적으로 그런 사람은 많지 않다. 그렇기에 심혈을 기울여 내가 가진 자금 안에서의 가장 좋은 입지, 즉 '현재 갈 수 있는 나만의 강남'을 찾아내는 게 중요하다.

 '나만의 강남'을 정하는 게 아주 간단하지는 않다. 누구나 생애 주기에 따라 살고 싶은 주거지가 달라지기 때문이다. 현재는 젊어서 1~2시간의 통근 거리가 거뜬할지 몰라도 3~5년이 지난 후에도 그 거리를 감당할 수 있을지는 미지수다. 또 누군가는 아이가 있어서,

자산의 상승률보다 아이를 키울 만한 환경인지가 더 중요할 수도 있다.

그러나 그렇다고 해서 거주 만족도만을 갖고 입지를 평가해도 될까? 당연히 아니다. 누구에게나 언젠가 살고 싶은 '워너비 입지'가 있을 텐데, 그런 곳은 내가 그만큼의 돈을 모으기 전에 가격이 올라 도망가 버리기 일쑤다. 그런 곳에 조금이라도 가까이 닿으려면 상승 곡선을 그리며 나를 목표에 더 가까이 데려다줄 곳, 인플레이션 헤지 이상으로 내 자산을 키워줄 곳에 돈을 맡겨두어야 한다. 따라서 '나만의 강남'을 정의하면 '내가 가진 자금으로 교통, 학군, 인프라, 미래 호재 등을 종합적으로 고려했을 때 선택할 수 있는 최선의 지역'이라고 할 수 있겠다.

거주 만족도와 시세 차익을 둘 다 누리며 강남까지 다리를 놓는 법

서울 은평구 30평대 아파트에서 전세를 사는 S 씨는 꽤나 큰 자기 자본 10억 원을 어떻게 하면 더 잘 활용할 수 있을지 상담을 요청해 왔다. S 씨의 나이에 비해 10억 원이 적은 자산은 아니었으나,

강남 3구로 바로 진입하기에는 현실적으로 무리가 있었다. 이럴 때는 '브릿지Bridge 지역'을 한 번 거쳐가는 전략을 고려해 볼 수 있다.

은평구에서 강남으로 가기 위해 다리를 놓을 수 있는 지역은 마포구, 그중에서도 동마포다. 동마포는 사립초등학교가 제법 포진해 있고 대흥 학원가가 있어 아이를 키우기에 좋은 지역이다. 목동이나 대치동처럼 서울에서 손꼽히는 학군지는 아니지만, 학군이 점점 탄탄해지고 있어 광화문과 여의도 등으로 출퇴근하는 고소득 직장인 부부들에게는 계속 수요가 있는 지역이다. 동마포는 강남, 광화문, 여의도 등 대부분의 업무 지구에 접근성이 높고 상권도 풍부하게 조성돼 있어서 앞으로도 완만하게 상승하며 강남까지의 좋은 돌다리가 되어줄 것이다. 즉, S 씨에게는 동마포가 강남까지 가는 브릿지 지역이자 나만의 강남인 것이다.

한편 잠실로 출퇴근하는 B 씨의 경우 5~6억 원의 종잣돈을 갖고 이사를 고민하고 있었다. 잠실에서 실거주를 하기에는 종잣돈이 턱없이 부족하거니와, 대중교통으로 출퇴근이 가능한 송파구 일대에 내 집 마련을 하기에는 자신의 자금으로는 한 동짜리 나 홀로 아파트나 너무 오래된 구축 아파트밖에 선택할 수 없다는 것이었다. 아이가 있다 보니 생활 편의성을 고려하지 않을 수 없다고 토로했다.

B 씨에게는 남양주 다산신도시가 나만의 강남이 될 수 있다. 다

산신도시는 최근 8호선이 남양주 별내역까지 연장되며 환승 없이 약 25분이면 잠실역까지 갈 수 있게 되어 출퇴근 편리성이 높아졌다. 또한 2017년부터 입주가 시작된 택지지구로, 다산역 역세권인 다산한양수자인, 다산아이파크, 다산힐스테이트 등의 단지는 아직 입주 10년이 되지 않은 준신축 아파트여서 거주 만족도가 높으며 초·중·고등학교 역시 도보 5~10분 거리에 있어 매우 편리하다.

30평대 기준으로 매매가는 9억 원대여서 B 씨의 자금에 적합하면서 B 씨가 원하는 '아이를 키우기 좋은 환경'이라는 조건에도 부합한다. 자산 가격 상승을 노릴 수 있고, 향후 아이가 학교에 갔을 때에도 만족스러운 거주를 누릴 수 있는 나만의 강남이다. 추후 자금을 더 모으거나 주식이나 비트코인 등 금융투자를 병행해, 아이가 중학교에 진학할 무렵 강동구 둔촌이나 고덕으로 갈아타기를 하면 강남까지의 돌다리를 하나 더 놓을 수 있을 것이다.

더 큰 수익을 원한다면
완성형이 아닌 변화형 입지를 선택하라

S 씨와 B 씨에게는 실거주 외의 다른 선택지도 있다. 실거주와 투

자를 분리하면 좀 더 공격적인 투자도 가능하기 때문이다. 내가 S 씨에게 마포구와 함께 제시한 또 하나의 '나만의 강남'은 노량진뉴타운이었다. 노량진뉴타운의 경우 동마포의 기축 아파트보다 레버리지를 좀 더 투여해야 한다는 단점은 있지만, 추후 아파트로 완성되었을 때 약 20억 원 중후반대까지 시세 상승을 노릴 수 있다. 동마포보다 더 큰 수익률을 가져다줄 것은 확실하다. 마포는 이미 완성된 동네여서 거주하기에는 더할 나위 없지만, 앞으로 주변 개발들이 더 진행되기 쉽지 않기 때문이다.

노량진뉴타운은 교통이 뛰어난 데다 1구역부터 8구역까지 전면 재개발이 진행 중이어서 향후 5년 안에 완전히 다른 모습으로 바뀔 것이다. 모든 구역에 건설사의 하이엔드 브랜드가 들어올 예정으로, 1구역은 포스코이앤씨, 2구역은 SK, 3구역은 포스코건설, 4구역은 현대건설 등 우리나라의 내로라하는 건설사들이 모두 노량진뉴타운 재개발에 참여하고 있다. 입주가 모두 완료되면 약 1만 세대에 가까운 신축 아파트 단지가 들어선다. 신길을 넘어 흑석과도 어깨를 나란히 할 핵심지로 현재 주목받고 있는 노량진뉴타운의 미래 가치를 고려하면, 이곳은 S 씨를 강남까지 안전하게 데려다줄 좋은 브릿지가 되어줄 것이다.

B 씨 역시 좀 더 공격적인 투자를 원한다면, 월세를 살되 8호선

이 지나는 성남 구도심의 분양권이나 재개발 구역의 입주권을 사 놓는 것도 하나의 방법일 수 있다. 성남 구도심은 재건축·재개발이 이미 활발히 진행되고 있는 중으로 신흥주공 재건축, 금광1구역, 신흥2구역 등은 입주까지 완료된 상태다. 빠른 입주를 원한다면 2027년 입주 예정인 산성역 초역세권에 성남북초등학교를 끼고 있는 산성역헤리스톤의 분양권 혹은 신흥역 초역세권인 해링턴스퀘어신흥역의 분양권을, 좀 더 느긋하게 기다려도 된다면 재개발이 진행되고 있으며 입지가 괜찮은 신흥1, 3구역, 수진1구역, 도환중2구역 등의 입주권을 매수하는 게 방법일 것이다. 30평대가 너무 부담된다면 평수를 줄여 20평대를 노리는 것도 좋다.

성남 구도심은 광명과 더불어 경기도에서 놀라울 만큼 천지개벽할 지역 중 하나다. 강남과 가까워 입지의 힘 자체도 막강하고, 생활 편의성이나 인프라는 계속 개선될 일만 남아 있어서 잠실과 판교 일대 직장인들에게 앞으로 점점 더 주목받을 것이다. 다산신도시보다 더 가파른 자산 가격 상승을 노릴 수 있는 건 물론이다. 노량진뉴타운과 성남 구도심 모두 지금은 공사판, 신축 아파트, 낙후된 상가나 집들이 혼재되어 있어 정리되지 않은 모습이지만, 말 그대로 환골탈태할 예정이기에 그만큼 큰 시세 차익을 노릴 수 있다는 장점이 있다.

기준은 언제나
'내가 우선해야 할 가치'다

  S 씨와 B 씨는 재미있게도 완전히 다른 선택을 했다. B 씨는 망설임 없이 다산신도시를 선택한 반면, S 씨는 꽤 긴 고민 끝에 노량진뉴타운을 선택했다. S 씨는 아직 결혼 전이었고, 결혼하기 전에 자산을 최대한 불리고 싶다는 니즈가 있었다. 투여한 자금 대비 마포보다 더 높은 수익률을 노릴 수 있다는 말에 그는 종잣돈으로는 노량진뉴타운에 투자하고, 월세로 작은 오피스텔에 거주하기를 선택했다. 급여가 높고 1인 가구인 S 씨이기에 가능한 선택지였다. 3년 후 결혼을 계획하고 있는 그는 '얼른 아파트가 완공되어 신혼집으로 들어가면 좋겠다'며 기대감에 부풀었다. 노량진뉴타운은 높은 수익을 가져다주며 나중에 강남 3구로 갈아타기 위한 훌륭한 발판이 되어줄 것이다.

  반면 B 씨는 아이가 둘이나 있어 현실적인 부분을 고려하지 않을 수 없었다. 아내와 아이 둘, 4인 가족이 살 집을 구하려면 월세도 만만치 않을 게 분명했다. 그는 식구들이 쾌적하게 사는 게 가장 우선이라며, 일단 다산신도시에서 거주하면서 아이들이 중학교에 갈 즈음 학군이 더 좋은 곳으로 이사할 수 있도록 주식 투자를 더 열심히 해보겠다고 다짐했다.

이처럼 '나만의 강남'과 '브릿지 지역'이란 아주 복합적인 개념이다. 시세 차익과 수익률을 가장 중시하는 사람은 강남까지 최소한의 다리만 놓으며 빠르게 이동하겠지만, 실거주 만족도를 중시하거나 모든 종잣돈을 부동산 투자에 투여할 수 없는 사람이라면 세 개, 네 개, 다섯 개의 브릿지 지역이 필요할 수 있다. 이는 그저 각자의 선택일 뿐이다.

지방에도 '나만의 강남'은 있다

이는 수도권에만 해당되는 이야기가 아니다. 대구를 예로 들어 보자. 대구광역시에 사는 사람이라면 누구나 수성구, 특히 명문 학군과 학원가가 밀집된 범어4동에 입성하고 싶어 한다. 하지만 지방이라고 해서 가격이 저렴한 건 아니다. 수성구 범어4동의 단지들은 33평형 기준 대체로 13억 원 이상을 호가하기에 30~40대가 곧바로 진입하기엔 상당한 부담이 있다.

이럴 때 브릿지 지역으로 고려해 볼 수 있는 곳은 같은 수성구에 위치한 범어3동이다. e편한세상범어는 33평형 기준 약 7억 원 선에서 매수할 수 있으며, 수성구 학원가와도 가까워 생활권이 크게 다르지 않다. 그리고 범어4동의 상승이 시작되면 바로 영향을 받을 수 있는 입지이기에 이곳에서 실거주하며 자금을 마련하고, 비과세 요건을 채운 뒤 아이가 학령기에 들어서는 시점에 범어4동으로 이사를 하는 전략도 현실적이다.

제2의 도시인 부산도 마찬가지다. 부산에서 가장 선호되는 입지는 해운대구와 수영구이지만, 역시나 30~40대가 이 지역의 신축 또는 준신축 아파트에 들어가기는 쉽지 않다. 브릿지 지역은 남구가 될 수 있다. 서면역을 중심으로 2호선 라인 오른쪽에 남구와 수영구, 해운대구가 있는데 상승장이 시작되면 해운대구와 수영구 다음으로 동래구와 함께 남구가 오르는 특성을 갖고 있다. 더군다나 부산 남구는 지금 여기저기 재개발이 진행되고 있어 대규모 입주장을 앞두고 있기에 가격이 눌려 있으며, 이 아파트들이 모두 입주하고 나면 상전벽해를 이룰 가능성이 높다.

2026~2027년에 4488세대의 대단지 대연디아이엘(대연3구역)과 그 뒤에 위치한 3048세대의 두산위브더제니스오션시티(우암2구역)가 대거 입주하며 변화를 알릴 것이다. 그 옆으로도 남구의 마지막 대규모 재개발 사업지인 대연8구역 또한 사업시행인가를 준비하고

있다. 이 중 대연디아이엘은 2호선 못골역과 신연초등학교, 대연중학교를 도보 5~10분이면 이용할 수 있는 좋은 입지다. 33평형의 분양권가는 7억 원 중반대이고 2025년 9월 기준 프리미엄은 1억 원 내외이니, 이를 매수해서 2027년에 입주해 살다가 2년의 비과세 거주 기간을 채운다면 해운대구와 수영구로 넘어갈 수 있게 해줄 좋은 교두보가 되어주지 않을까 싶다.

하나 더 말하자면, 지도상으로는 붙어 있는 대연디아이엘과 두산위브더제니스오션시티가 3억 원 이상의 가격 차이가 나서 조금 의아할 수 있다. 하지만 실제로 가보면 이 두 곳은 야트막한 산으로 이어져 있어서 입지에 조금 차이가 있다. 두산위브더제니스오션시티는 부산 거주자들이 선호할 만한 곳이 아니니, 가격이 싸다고 해서 이곳을 사는 건 다시 한번 고민해 봐야 한다. 부산에서 또 다른 곳을 알아보고 싶다면, 부산에서 선호하는 중학교에 배치받을 수 있는 단지를 찾아보는 것도 한 가지 방법이다.

이처럼 당장 내가 원하는 곳에 입성할 수는 없어도, 그곳까지 여러 개의 다리를 놓으며 최대한 가까워지는 건 가능하다. 설사 시작은 미약할지라도, 상급지까지 너무 멀다고 좌절하지 말자. '다리를 놓았다'는 사실에 큰 의미를 두면 된다. 무엇이든 첫 술에 배부를 수는 없다. 그렇게 하나씩 단계를 밟아가다 보면, 어느 순간 내가

2022년 부산 자사고·특목고 진학 비율에 따른 중학교 순위

순위	학교명	주소	총인원	특목고 자사고 합계(비율)
1	부산국제중학교	부산광역시 부산진구 당감동	45명	30명 (66.67%)
2	브니엘예술중학교	부산광역시 금정구 구서동	74명	27명 (36.49%)
3	해운대중학교(남중)	부산광역시 해운대구 우동	200명	41명 (20.50%)
4	센텀중학교	부산광역시 해운대구 재송동	380명	76명 (20%)
5	해강중학교	부산광역시 해운대구 우동	325명	57명 (17.54%)
6	한바다중학교	부산광역시 수영구 광안동	174명	22명 (12.64%)
7	부흥중학교	부산광역시 해운대구 좌동	185명	23명 (12.43%)
8	부산진중학교	부산광역시 부산진구 범전동	98명	12명 (12.24%)
9	남천중학교	부산광역시 남구 대연동	259명	30명 (11.58%)
10	해운대여자중학교	부산광역시 해운대구 우동	184명	21명 (11.41%)
11	거제여자중학교	부산광역시 연제구 거제동	233명	26명 (11.16%)

꿈꾸는 '진짜 강남'에 가까워지고 있는 자기 자신을 발견할 수 있을 것이다.

PART 2

어디가 뜨고 어디가 지는가?

강력한 모멘텀으로 천지개벽이 될 지역들

'어디'에 투자할지를 알려주는 세 가지 지표

우리는 금리와 통화량이라는 지표를 살펴보며 머지않아 자산 팽창기가 다가올 것임을, 따라서 지금은 나의 돈을 실물 자산으로 옮겨놔야 하는 시점이란 사실을 확인했다. 그래서 부동산 투자를 해야겠다고 결심했다면, 무엇부터 시작해야 할까?

나는 '타이밍'과 '입지'가 부동산 투자에서 성공을 결정하는 데 8할은 담당한다고 생각한다. 거시적인 타이밍과 강남까지 갈 전략에 대해 살펴보았으니, 이제는 투자를 성공으로 이끌어줄 입지를 고를 시점이다. 우리가 살고 있는 대한민국은 17개의 특별, 광역시·도, 그리고 그 안에 속한 82개의 작은 도시들로 이루어져 있다. 그래서 부동산 투자를 할 때도 먼저 큰 지역을 선정하고, 그 다음에 작은 지역으로 들어가면서 투자하기에 적합한 도시를 골라야 한다.

인구가 많을수록
상승은 길고 하락은 짧다

　도시를 선정할 때 내가 가장 먼저 고려하는 것은 단연 '인구'다. 서울과 수도권을 제외하면 지방 광역시를 추천하고, 더 작은 지역으로 가더라도 최소한 50만 명 이상이 살고 있는 도시에 투자하기를 권하고 싶다. 인구가 많으면 당연히 부동산의 수요층도 많고, 따라서 사이클도 상대적으로 길기 때문이다.

　부동산 사이클이 길다는 건, 쉽게 말해 상승 기간이 길고 상승 폭 또한 크다는 의미다. 가장 대표적인 예가 서울이다. 우리나라의 수도이자 인구 1000만 명이 사는 대도시인 서울은 한 번 오르기 시작하면 최소 5년 이상 가격이 상승한다. 실제로 2013년 바닥을 찍고 반등한 후 2021년까지 8년 동안 꾸준히 상승했고, 이 기간 동안 거의 서울 전역의 아파트 가격이 2.5배 가까이 상승했다.

　하지만 지방 중소도시의 경우 상승기가 온다 해도 대부분 2~4년 안에 상승장이 끝난다. 높아진 가격을 감당할 수 있는 충분한 수요

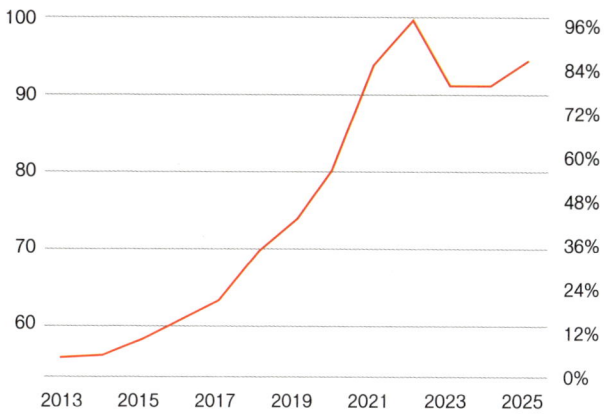

2013~2025년 서울 아파트 가격변동지수
(출처: 아실)

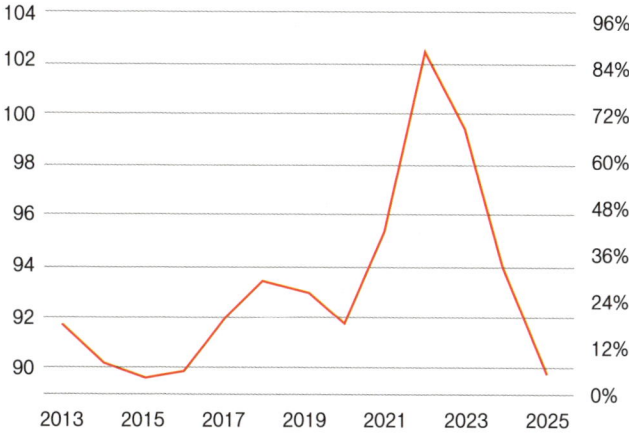

2013~2025년 인구 약 30만 명인 도시의 아파트 가격변동지수
(출처: 아실)

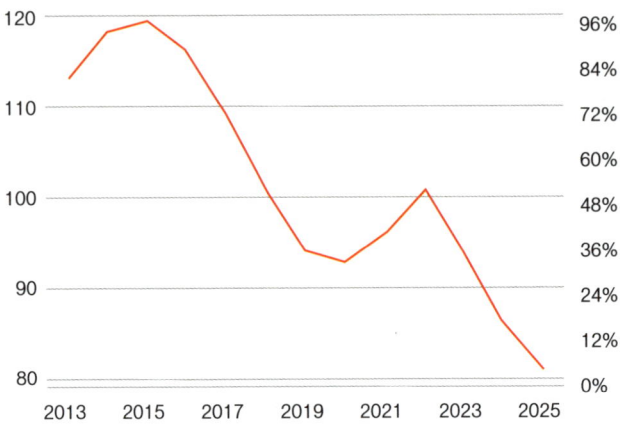

층이 없기 때문이다. 단적인 예로, 인구수가 25만 명인 도시에 갑자기 2000세대의 신규 주택이 입주하면 약 6개월간 전세와 매매 가격 모두 출렁이며 부동산 가격이 상승에서 하락으로 전환하기도 한다.

서울과 30만 인구 도시, 25만 인구 도시의 아파트 가격변동지수 그래프를 비교해 보면 부동산 사이클의 차이를 확실하게 알 수 있다. 서울은 2013년부터 완만하게 시작된 상승이 2022년까지도 지속된 반면 나머지 두 도시의 상승장은 약 2년에 불과했다. 또한 서울은 하락 이후 2~3년이 지나자 다시 반등한 모습을 보이는 데 비해, 이 두 도시는 여전히 하락장에 머물러 있다.

수급의 원리는
그 어떤 도시도 피할 수 없다

인구를 확인해 일정 인구수 이상의 도시를 추렸다면 다음은 지역별 수급을 살펴봐야 한다. 부동산 가격의 상승과 하락을 결정하는 가장 큰 요인은, 금리의 급격한 인상·인하를 제외하면 수급이다. 실제로 나는 수급을 고려하지 않은 바람에 첫 부동산 투자에서 크게 좌절했던 경험이 있다.

재테크에 갓 눈을 떴을 무렵, 매달 월세를 받으며 현금 흐름을 한번 만들어보겠다고 대찬 포부를 안고 천안으로 향한 나는 내 기준에 매우 만족스러운 소형 아파트 한 채를 매수했다. 월세 수요를 뒷받침해 줄 대학교가 바로 앞에 있으며 도보 7분으로 지하철역 이용이 가능한 역세권이고, 10분 거리에 대형마트까지 있어서 입지적으로 매우 우수했다. 2000년에 준공된 아파트라 투자 당시 연식도 그렇게 오래되지 않았고, 1000세대가 넘어서 상품적으로도 나쁘지 않다고 판단했다.

그런데 불과 반년 후, 매물이 급격히 증가하며 천안의 부동산 가격이 내려가기 시작했다. 대체 이게 무슨 일인가 했더니, 천안에서 대장 자리를 차지할 불당신도시의 입주 때문이었다. 내가 매수한

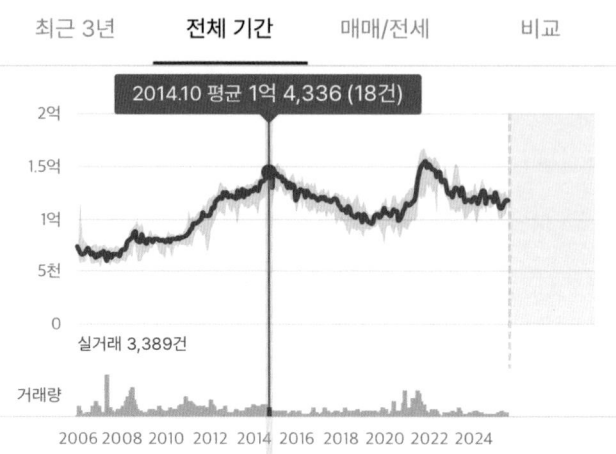

시점이 2014년 8월이었는데, 2015년부터 천안과 아산 지역의 신도시에 아파트 공급이 본격화되며 수요층이 옮겨가기 시작한 것이었다. 천안의 하락은 2015년부터 2019년까지 5년간 계속되었고 아직도 난 내 의지와 상관없이 이 집을 보유하고 있다. 수급의 중요성을 몸으로 절절하게 깨닫게 해준 첫 투자였다.

예전에는 공급물량을 알려면 일일이 각 도시의 분양과 입주 물량 등을 찾아봐야 했지만 다행히 지금은 부동산지인, 호갱노노, 아실 같은 사이트를 통해 쉽게 파악할 수 있다. 무료로 이용할 수 있을뿐더러 매수심리 그래프 등 다양한 정보를 제공하므로 이러한 사이트들은 수시로 방문하는 습관을 들이면 좋다. 이 과정을 통해 향후 2~3년 동안 공급이 부족한 지역을 선별하는 게 투자의 시작이다.

오를 만한 이유가 있는 곳에 투자하라

공급이 부족한 지역을 찾았다면 그다음으로는 더 작은 범위에서 지역을 선정할 차례다. 예를 들어 인구수 1000만 명의 서울을 큰 지역으로 골랐고, 앞으로 서울에 공급이 부족하다는 사실을 확인했다면 그중 어느 구, 어느 동에 투자할지를 고르는 작업이다. 서울이나 지방 광역시 같은 대도시들은 대체로 구로 나뉘는데, 서울은 특히 도시의 크기가 크고 각 권역마다 생활 반경이 조금씩 다른 데다 공급물량의 영향권 또한 다르기 때문에 동북권, 동남권, 서남권, 서북권으로 나누어서 볼 필요가 있다.

작은 지역을 정할 때 반드시 해야 할 작업은 개발 호재나 학군 또는 학원가를 확인하는 것이다. 개발 호재는 매우 다양하지만, 그중에서도 부동산 투자에서 가장 중요한 것은 교통이 개선되거나 양질의 일자리가 들어오는지다. 수도권에서는 강남으로 가는 지하철이나 GTX 같은 광역교통망이 깔리는 교통호재가 매우 강력하게 작용한다. 이 밖에도 스타필드나 백화점 등 큰 상권이 들어오는 것도 호재일 수 있으니, 이런 호재들을 보고 작은 지역을 선정한다.

학군과 학원가 또한 주목해야 할 점 중 하나다. 학군과 학원가는 몇 평형에 투자하는지에 따라 중점적으로 봐야 할 지점이 달라진다. 20평대에는 주로 신혼부부나 학령기 이전 또는 초등학교 저학년 아이들이 있는 가정이 많이 거주하므로 학원가보다는 초등학교가 바로 옆에 있는지 여부와 업무 지구까지의 교통 편의성이 더 중요하다. 반면 30평대 이상에는 주로 중고등학생 자녀를 둔 가정이 거주하므로 좋은 학군과 학원가 접근성을 확인해야 한다.

이를 가장 잘 보여주는 곳이 평촌신도시다. 평촌은 학원이 287개나 있을 만큼 경기도 최대 규모의 학원가를 자랑하는데, 안양뿐 아니라 주변 지역인 과천, 산본, 의왕에서도 학생들이 몰려든다. 학원가가 발달한 만큼 주변 학군도 좋기로 유명하다. 그 덕분에 평촌에서는 학원가 일대의 아파트가 이 지역을 리드하는 대장이다. 학군과 학원가 또한 호갱노노와 아실 사이트를 통해 확인할 수 있으니, 투자할 때 반드시 알아보길 바란다.

천지개벽,
앞으로 주목해야 할 곳을 찾아라

 부동산 투자자들 사이에 자주 회자되는 말이 있다. "장화 신고 들어가서 구두 신고 나온다." 아직 아무것도 없는 논밭에 신도시가 들어서거나 낡고 슬럼화된 동네가 재개발을 거쳐 신축 아파트촌으로 바뀔 때, 초기에 투자해 그 지난한 과정을 견딘 투자자들은 결국 큰 수익을 손에 넣어 웃으며 나오게 된다는 뜻이다.

 뉴타운이나 신도시가 언젠가 천지개벽하리라는 걸 모두 알지만, 막상 '여기서 대체 어떻게 사나' 싶은 허허벌판, 지저분한 건축물과 노후화된 도로가 뒤섞인 구도심을 보고 투자를 결심하는 사람은 많지 않다. 대다수가 '지금'만을 보기 때문이다. 교통이 편리하고 인프라가 갖춰져 당장 살기 좋은 곳만을 찾는다.

물론 그런 곳들이 살기에는 좋지만, 투자하기에는 늦은 감이 있다. 이미 가격에 모든 가치가 선반영되어 있기 때문이다. 투자로 수익을 얻으려면, 아직은 미운 오리 새끼처럼 보이지만 훗날 백조가 되어 날아오를 지역을 찾아야 한다. 그런 지역들이야말로 기회를 품고 있다. 그렇다면 서울과 경기도에서 지금 당장은 미운 오리 새끼처럼 보이지만 곧 백조가 되어줄 지역은 어디일까?

광명의 반격,
서울과 경기도의 경계가 무너진다

서울의 가장자리에 있지만 사실상 서울의 일부처럼 살아온 도시가 있다. 바로 광명이다. 행정구역상으로는 경기도에 속하지만 생활 반경이나 교통 흐름, 직장은 대부분 서울과 맞닿아 있다. 심지어 지역번호도 서울과 같은 '02'를 쓴다. 오랫동안 '서울은 아니지만 서울보다 서울과 더 가까운 곳'이라는 묘한 위치에 머무르던 도시가 광명이었다.

과거에 금광이 있었다는 이유로 '광명光明'이라는 이름이 붙은 이 도시는 일제강점기부터 철도와 광산, 공장지대가 도시의 중심을 이루는 산업도시로 자리 잡았다. 사실 도시라기보다는 그저 근로자들의 거주하는 베드타운의 이미지가 강했고, 1970~1980년대에는 철산동과 하안동 일대에 대규모 공공임대 단지가 조성되며 서울의 젊은 노동자들이 대거 이주해 왔다. 당시 광명은 서울 가까이에 있기는 하지만 중심지는 아닌, 서울의 뒷동산 같은 동네였다.

하지만 지금은 완전히 다른 얼굴이 되었다. 광명은 서울보다 더 서울 같은 도시를 지향하며 도시 구조 자체를 새롭게 재편하고 있다. 특히 구로, 가산디지털단지와의 뛰어난 직주근접성과 7호선을 통한 강남권으로의 빠른 접근성은 '생활권'의 기존 개념을 바꾸고 있다. 이제 광명은 더 이상 서울의 외곽이 아니라 서울의 일상에 깊숙이 들어와 있는 도시다. 광명의 변화는 크게 두 축, 철산역 권역과 광명뉴타운을 중심으로 전개된다.

먼저 철산역 권역부터 살펴보자. 가장 상징적인 변화는 철산주공8, 9단지 재건축으로 탄생한 철산자이더헤리티지다. 2022년 말, 33평 기준 약 10억 원에 일반분양을 했지만 그때는 시장이 침체기였던 탓에 미분양이 발생했고, 선착순 모집과 '줍줍'이 이어졌다. 그로부터 시간이 흐른 지금은 약 15억 원 중반대에서 거래가 이뤄지고 있다. 그도 그럴 것이 철산자이더헤리티지는 철산역까지 도보 7~8분이면 닿는 역세권이며 도덕초등학교와 광명중·고등학교를 모두 도보권에 두고 있어 입지가 탄탄하다. 이제는 명실공히 철산을 대표하는 얼굴이라고 할 수 있다.

이 뒤를 이어 철산주공10, 11단지는 '철산자이브리에르'라는 이름으로 새로 태어날 예정이다. 규모는 1490세대에 이르며, 철산자이더헤리티지와 같은 브랜드인 '자이'로 공급된다. 두 아파트는 브랜드의 연계성과 비슷한 입주 시기로 시너지 효과를 만들어내며 서로의 시세에 긍정적인 영향을 줄 것으로 보인다. 앞으로 이 두 개의 자이가 철산권의 시세 흐름을 이끌어가리라고 기대할 수 있다.

다음은 광명뉴타운이다. 이곳은 광명 전체의 판을 바꾸고 있는 핵심 지역으로, 그 중심에 힐스테이트광명(광명11구역)이 있다. 총 4291세대의 초대형 단지로 조성되는 이곳은 현대건설과 HDC현대산업개발이 시공을 맡았으며, 2025년 9월 현재 철거는 완료된 상태로 2025년 말 일반분양을 앞두고 있다. 7호선 광명사거리역 초역세권이며, 단지 바로 아래에 광명남초등학교가 위치한 '초품아(초등학교를 품은 아파트)'로 입지 조건이 매우 뛰어나다. 또한 상품 자체도 매력적인데, 단지가 네모반듯한 직사각형 배치로 설계되어 동 간 간섭이 적고 동선이 효율적이다. 여기에 광명뉴타운에서 유일하게 단지 내에 수영장까지 갖추고 있어 실수요자들의 기대가 매우 높다.

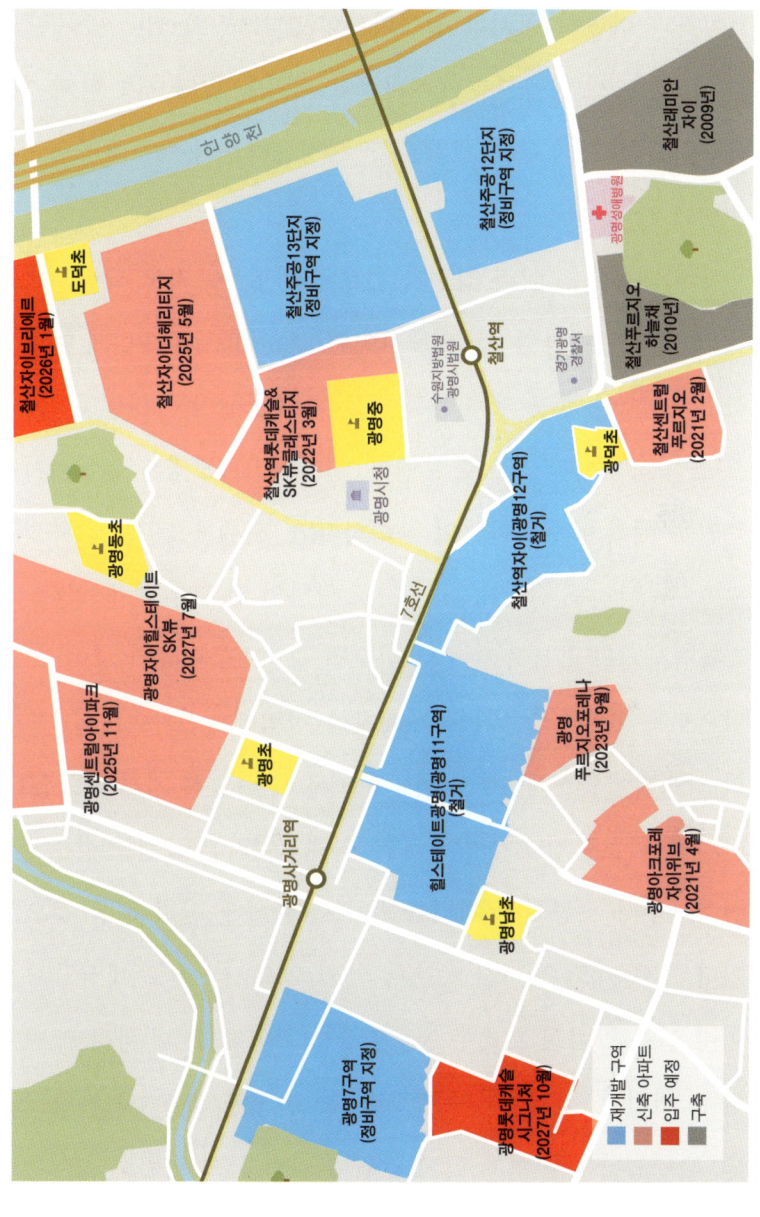

광명 일대 재건축·재개발 지도

어디가 뜨고 어디가 지는가?

이곳과 나란히 위치한 철산역자이(광명12구역) 역시 주목할 만하다. 총 2045세대 규모로, GS건설이 시공을 맡았으며 현재 철거가 마무리되었다. 이 두 단지가 향후 광명뉴타운의 쌍두마차로 시세를 주도해 갈 것이다.

그 아래쪽에는 이미 입주가 완료된 광명푸르지오포레나(광명14구역, 1187세대)와 광명아크포레자이위브(광명16구역, 2104세대)가 자리하고 있다. 이 두 단지는 향후 광명11, 12구역이 시세를 끌어올리면 그 흐름을 따라갈 것으로 보인다. 힐스테이트광명과 철산역자이 입주권을 매입하기에 자금이 부족하다면, 전세를 낀 갭 투자 방식으로 이 두 단지를 선점해 놓는 것도 하나의 전략이 될 수 있다.

광명사거리역 북쪽 출구로 나오면 광명초등학교가 보이고, 그 뒤편으로는 광명4, 5구역을 재개발한 광명센트럴아이파크(1957세대)와 광명자이힐스테이트SK뷰(2878세대)가 나란히 자리하고 있다. 두 단지 모두 초등학교가 인접하고, 역세권이라는 조건도 갖추고 있어 신혼부부나 초등학생 자녀를 둔 수요층에게 인기를 끌 것으로 보인다. 입주 시점은 각각 2025년 11월, 2027년 7월로 예정되어 있다. 이미 입주를 마친 트리우스광명(광명2구역, 3344세대)과 2025년 12월 입주 예정인 광명자이더샵포레나(광명1구역, 3585세대)까지 포함하면, 광명뉴타운은 이제 단지 단위를 넘어 도시 단위로 완성도를 갖취가고 있는 모습이다.

 2025년은 광명뉴타운 내 주요 단지들에 입주가 이뤄지고 있다. 공급물량이 몰리는 만큼 일시적인 가격 조정이 발생할 수 있다. 이 구간을 지나면 광명은 서울 서남권의 대표 주거지인 목동과 함께 서남권의 시세를 이끄는 도시로 재탄생할 것이다. 그 가격 조정기야말로 진짜 기회라고 할 수 있다. 잠시 가격이 눌리는 시기를 버텨낸 사람만이 다음 사이클의 수혜를 누릴 것이다. 광명은 더 이상 서울을 부러워하던 도시가 아니라 서울이 의식하게 된 도시다. 그게 지금 광명이 가고 있는 길이다.

장위뉴타운,
낡은 골목이 사라지면 달라진다

 강북권에서 최대 규모의 재개발을 논하면 가장 먼저 떠오르는 동네는 단연 장위뉴타운일 것이다. 한때는 낙후된 동네의 대명사처럼 여겨졌던 장위동이 이제는 서울 동북권의 핵심 주거지로 탈바꿈하고 있다.

 사실 장위동은 서울의 주거지 중에서도 비교적 저렴하고 조용한,

GTX 노선도

말 그대로 '로컬'한 동네였다. 골목마다 오래된 다세대와 단독주택이 빼곡히 들어서 있었고, '강남에 가려면 한참이 걸리는 곳'이라는 인식도 강했다. 하지만 조용했던 이 동네에도 변화의 바람이 불기 시작했다. 그 변화의 중심에는 GTX-C 노선과 광운대역세권 개발이 있다.

먼저 GTX-C 노선을 보자. 원래 장위에는 1호선과 6호선밖에 지나지 않아 강남 접근성이 현저히 떨어졌지만, GTX-C가 개통되면 삼성역까지 단숨에 연결되며 순식간에 단점이 사라진다. 현재는 광운대역에서 삼성역까지 가려면 지하철 두 번을 갈아타며 약 50분 이상을 가야 하지만, GTX-C 노선을 이용하면 갈아타지 않고 단 9분, 세 정거장이면 충분하다. 말 그대로 '출근 혁명'이 일어나는 것이다.

여기에 광운대역세권 개발이라는 호재도 있다. 광운대역 근처에 주거시설과 함께 현대아이파크몰과 스트리트몰 같은 상업시설, 도서관 및 문화센터, 체육시설 같은 공공시설이 들어올 예정이다. 이에 현대산업개발도 이곳으로 본사를 이전해 온다. 노원구-성북구 일대의 일자리 증대까지 더해지며 장위는 과거 같은 베드타운이 아닌, 일하면서 편리한 거주까지 누릴 수 있는 지역으로 변모하고 있다.

작년 말에는 광운대역 앞 서울원아이파크가 1856세대 규모로 일

광운대 역세권 개발 대상지
(출처: 서울시)

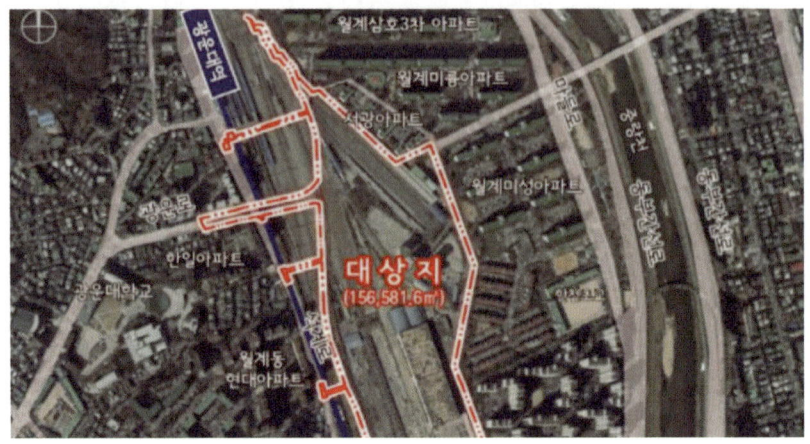

반분양을 진행했다. 당시 35평 기준 분양가는 약 13억 원 중후반대였으며 지금은 프리미엄이 약 9000만 원까지 형성돼 있다. 분양 당시, 주변에 개발 호재가 많은 데 비해 아직 가격이 덜 올랐다고 생각해 지인들에게 강력히 추천했던 단지이기도 하다. 이곳은 실제로 투자자들의 큰 관심을 받았다. 향후에는 이 단지와 이른바 '미미삼'이라고 불리는 미성·미륭·삼호아파트 재건축 단지가 장위권의 랜드마크로 자리 잡을 가능성이 높다.

이제 장위뉴타운의 주요 구역들을 하나씩 살펴보자. 장위자이 레디언트는 장위4구역을 재개발한 아파트로, 2840세대 규모이며 2025년 입주를 마무리했다. 분양 시점인 2022년, 33평 기준 약 10억 원이라는 저렴한 분양가에도 불구하고 시장이 침체되었던 탓에 미분양이 많았다. 그러나 시세는 훌쩍 올라 2025년 9월 기준 15억 원 중반대 수준까지 형성돼 있다. 흐름을 읽고 먼저 진입한 투자자들의 선견지명이 빛난 사례다.

대우건설이 시공해 푸르지오라디우스파크1, 2단지로 다시 태어날 장위6구역은 1호선과 6호선이 모두 지나는 석계역을 도보 약 7분이면 이용할 수 있는 입지다. 총 1637세대 규모로 2027년 3월 입주 예정이며, 분양가는 33평 기준 약 11억 8000만 원이었다. 입주 시점에는 17억 원 이상의 시세를 형성할 것으로 기대된다.

2004세대 규모로 입주할 장위10구역도 역시 대우건설이 시공을 맡았다. 2025년 9월 현재 철거 진행 중이며, 2025년 하반기에 일반 분양이 예정되어 있다. 한때 구역 중간에 있는 사랑제일장로교회 보상 이슈로 사업이 지연되었지만, 지금은 이곳을 제외하고 재개발을 진행하는 것으로 협의가 마무리되어 사업이 본격적으로 추진되고 있다.

총 2370세대 규모의 대단지가 될 장위14구역은 아직 사업시행인가를 준비 중이고, 그 옆에 위치한 장위15구역은 향후 3338세대가 들어올 예정이며 시공사 선정을 앞두고 있다. 이곳들의 사업이 본격적으로 진행되면 장위뉴타운의 왼쪽 라인이 완성되면서 그간 복잡한 빌라가 가득해 낙후돼 있던 성북동아에코빌과 장위자이레디언트 사이가 아파트촌으로 연결된다. 새로운 수요가 들어오면서 다시 한번 주변이 크게 변화할 가능성이 높다.

이 밖에 이미 입주를 마친 단지들도 있다. 2020년에 입주한 래미안장위퍼스트하이, 2021년 입주한 래미안장위포레카운티 또한 주변의 재개발이 진행될수록 같이 시너지 효과를 낼 수 있기에, 같이 관심을 가지는 게 좋다.

장위뉴타운 전체에는 약 1만 2000세대 이상이 입주할 예정인데, 이는 사실상 신도시와 비슷할 만큼 큰 규모다. 주거 시설, 업무 시설, 편의 시설까지 모두 들어오며 장위는 서울 동북권의 새로운 주거벨트로 재편될 가능성이 매우 높다. 시세가 너무 오른 재개발 입주권이 부담된다면 이미 입주한 신축 아파트와 주변의 준신축 아파트를 갭 투자로 사놓는 것도 좋은 방법이다. 만약 투자금 규모가 더 적다면 분양권 위주로 찾아봐도 괜찮다. 장위는 단순한 재개발 지역이 아니다. 향후 3~4년 후가 더 기대되는 이곳은 이문휘경뉴타운과 함께 변화의 한가운데에 있는 지역이다.

장위뉴타운 일대 재건축·재개발 지도

어디가 뜨고 어디가 지는가?

성남 구도심,
모텔과 유흥가에서 신도시로

'경기도에서 가장 천지개벽이 될 도시'라고 하면 광명과 함께 반드시 꼽히는 곳이 바로 성남시다. 성남은 분당구, 수정구, 중원구로 나뉘어 있는데, 분당은 1기 신도시이기에 계획적으로 조성되어 교통과 인프라가 매우 우수한 반면 나머지 두 곳은 8호선이라는 좋은 노선을 갖고 있음에도 주거 환경이 매우 열악했다. 슬럼화되고 유흥가가 즐비한, 그저 먹고 마시기 좋은 동네였다. 그런데 흔히 '구성남'이라 불리던 이곳이 이제 달라지고 있다. 분당이 1기 신도시 재건축으로 비상할 준비를 하고 있다면, 중원구와 수정구는 곳곳에 재개발이 이뤄지며 지금도 벌써 도시 전체가 꿈틀대는 중이다.

성남시의 도시정비사업에 따르면 재개발은 3단계로 나뉘어 있는데, 모든 단계가 완료되고 나면 성남 구도심은 전체 5만 가구 정도의 신도시급 아파트촌으로 탈바꿈하게 된다. 1단계는 단대구역(성남단대푸르지오)과 중동3구역(중앙동롯데캐슬)으로 이미 입주를 완료했고, 2단계는 신흥2구역(산성역자이푸르지오), 수진2구역, 중동1구역(신흥역하늘채랜더스원), 금광1구역(e편한세상금빛그랑메종)으로 입주한 곳과 입주를 기다리고 있는 곳이 섞여 있다. 마지막 3단계는 아직 한창 사업이 진행 중인 곳들로, 신흥1구역, 신흥3구역, 태평3구역, 수진1구역, 산성구역(산성역헤리스톤), 금광2구역, 상대원2, 3구역, 중동4구역이다. 그 외 도시환경정비사업으로 도환중1구역(해링턴스퀘어신흥역)과 도환중2구역이 있다.

위례를 제외하면, 이곳의 대장 단지는 구성남의 초입이면서 8호선 산성역을 도보 5분으로 갈 수 있는 산성역포레스티아(신흥주공 재건축)다. 2020년에 입주한 이곳은 대장이기도 하고, 세대수가 많아서(4089세대) 중원구, 수정구 구성남의 분위기를 알 수 있는 신호 역할을 한다. 보통 산성역포레스티아의 거래량이 갑자기 늘어나기 시작하면 그 이후에 주변 단지들의 거래가 늘어나며 구성남 일대의 가격이 오르는 양상을 보인다. 구성남은 유흥가와 모텔, 다세대 빌라가 혼재되어 있어 주거지로서 이미지가 좋지 않은데, 산성역포레스티아는 주변도 함께 개발되며 비교적 좋은 환경을 갖췄기에 실수요자들에게 선호도가 높다. 포레스티아와 함께 대장으로 구성남을 이끌어갈 3487세대 규모의 산성역헤리스톤(산성구역)도 바로 옆에서 2027년 12월 입주 목표로 공사 중이다. 2025년 7월에 분양권 전매가 풀려서 거래가 활발하게 나오고 있다.

신흥2구역을 재개발한 산성역자이푸르지오 또한 신혼부부나 학령기 이전 아이들이 있는 가정이라면 많이들 찾는 단지다. 4000세

구성남 재건축·재개발 지역 중 입주를 마친 지역

PART 2　　　　　　　　　　　　　　　　　　92

구성남 중 아직 활발히 재건축·재개발 사업을 진행 중인 지역

- 상대원3구역 (정비구역 지정)
- e편한세상 금빛그랑메종 (2023년)
- 단대오거리역
- 단남초
- 중앙동롯데캐슬 (2012년)
- 도환중2구역 (조합설립인가)
- 상대원2구역 (철거)
- 대원초
- 중앙힐스테이트 1, 2차 (2012, 2014년)
- 해링턴스퀘어신흥역 (2027년 12월)
- 신흥역하늘채 랜더스원1-3단지 (2022년)
- 성남제일초
- 성남고
- 성남여고
- 성일고
- 성일정보고
- 동광고
- 동광중
- 신흥3구역 (조합설립인가)
- 신흥역
- 8호선
- 성남시의료원
- 신흥1구역 (건축심의)
- 수진역
- 수진1구역 (사업시행인가)

범례:
- 재개발 지역
- 신축 아파트
- 입주 예정 아파트
- 구축·준신축 아파트

어디가 뜨고 어디가 지는가?

구성남 정비사업지 사업 현황

사업 말기	e편한세상성남더시그니처(상대원2구역, 2026년 상반기 일반분양 예정), 산성역헤리스톤(산성구역, 2027년 입주 예정), 해링턴스퀘어신흥역(도환중1구역, 2027년 입주 예정)
사업 초중기	수진 1구역, 신흥1구역, 태평3구역
사업 초기	상대원3구역

대 가까이 되는 대단지이며 희망대초등학교와 희망대공원을 끼고 있고, 산성역이나 단대오거리역을 도보 10~15분이면 이용 가능해서 구성남 중에서는 비교적 쾌적한 분위기다.

이 밖에도 모텔 등을 다 철거하고 들어오는 단대오거리역 앞 도환중2구역이나 2026년 상반기에 일반분양을 앞두고 있는 상대원2구역(5090세대 예정), 그리고 산성역자이푸르지오 옆으로 줄줄이 재개발이 진행 중인 신흥3구역, 신흥1구역, 수진1구역 또한 세대수가 많고 1군 브랜드 건설사가 들어오는 곳이므로 실거주를 노리고 있다면 주목할 필요가 있다. 입주한 단지를 제외하고 재개발 사업이 진행되고 있는 곳들을 사업 진행이 빠른 순서로 나열하면 94페이지 상단의 표와 같다.

성남 수정구와 중원구는 모텔과 술집만 즐비해 먹고 놀다가 떠나는 동네가 아닌, 서울로 출퇴근할 수 있는 새로운 주거지로 거듭나기 위해 환골탈태를 계속하는 중이다. 다만 한 가지 아쉬운 점이 있다면 중학교와 고등학교 학군이 뛰어나지 않다는 점이다. 따라서 아이가 없는 신혼부부 시절 혹은 아이가 초등학교를 다닐 때까지만 구성남에서 거주하되, 향후 비과세 혜택을 받아 학군 좋은 분당 등으로 이사를 간다면 시세 차익도 챙기며 생애 주기에 맞게 쾌적하게 거주할 수 있는 선택이 되지 않을까 싶다.

진정한 상급지로
날아오를 곳을 찾아라

곳곳이 아파트로 꽉 차 더 이상 집을 지을 데도 없다고 아우성인 도시, 강남과 도심 접근성을 중심으로 이미 입지 서열이 굳건하게 정리된 도시. 바로 서울이다. 그런 서울에도 과연 지금 정리된 서열을 뚫고 상급지로 자리매김할 곳이 있을까?

　놀랍게도 있다. 과거에는 크게 주목받지 못했지만 향후에는 당당히 상급지에 올라 내로라하는 동네들과 어깨를 나란히 할 지역, 바로 노량진뉴타운과 방배다.

노량진뉴타운,
고시촌을 벗고 고급 주거지로

강남권을 벗어난 준강남권이지만 노량진뉴타운은 지금 상급지로의 도약을 앞두고 있다. 서울 지도 한가운데, 신길뉴타운과 흑석뉴타운 사이에 자리하며 왼쪽으로는 여의도, 오른쪽으로는 흑석, 위로는 용산을 마주하고 있는 이곳은 입지만 보면 그야말로 서울의 중심이다.

조선시대에 한강나루 중 하나였던 노량진은 예로부터 서울 서남부의 관문 역할을 해왔고, 일제강점기에는 일본어학교가 들어서며 교육 중심지로 자리 잡았다. 이후 1970~1980년대에 임용고시와 공무원 시험 준비생들의 메카로 성장했다. 그 덕분에 '노량진' 하면 떠오르는 이미지는 오랫동안 좁은 골목이나 고시촌, 저렴한 백반집 등이었다. 하지만 그런 노량진이 지금은 완전히 다른 옷으로 바꿔 입고 있다. 노량진뉴타운 사업은 이제 막바지에 접어든 단계다. 재개발 구역만 해도 1만 세대 규모. 사업 리스크는 대부분 해소되었으니 이제는 하나씩 변화가 현실화되는 단지들을 살펴볼 때다.

노량진1구역은 향후 대장이 될 곳으로, 2992세대의 대단지로 재탄생할 예정이다. 2023년 3월 사업시행인가가 완료되었고, 포스코

노량진뉴타운 재건축·재개발 지도

- 1호선
- 9호선
- 7호선
- 노량진역
- 노량진초
- 노량진1구역 (사업시행인가)
- 노량진2구역 (철거)
- 노량진3구역 (사업시행인가)
- 노량진4구역 (철거)
- 노량진5구역 (이주·철거)
- 노량진6구역 (철거)
- 노량진7구역 (이주·철거)
- 노량진8구역 (철거)
- 노량진생동예가 (2010년)
- 송학대공원
- 신동아리버파크 (2001년)
- 상도파크자이 (2016년)
- 장승배기역
- 동작구청
- 서울특별시교육청 동작도서관
- 영등포고 영화초
- 영등포중

재개발 구역
구축·준신축 아파트

PART 2   98

의 고급 브랜드인 '오티에르'가 들어오기로 되어 있다. 이곳은 무엇보다도 1호선과 9호선을 모두 이용 가능한 노량진역 초역세권이라는 입지를 자랑한다. 입주까지 마무리되면, 연식 차를 감안했을 때 시세는 흑석의 대장인 아크로리버하임과 비슷하거나 그보다 조금 더 높을지도 모른다고 추측된다.

한편 장승배기로를 사이에 두고 마주 보고 있는 노량진3구역도 포스코의 오티에르가 들어올 예정으로, 1012세대 규모이며 2025년 9월 현재 관리처분인가를 준비 중이다. 1구역을 뒤따르며 이른바 '부대장' 격의 단지가 될 가능성이 큰데, 1구역과 마찬가지로 노량진역 초역세권이며 노량진초등학교를 끼고 있는 초품아라는 장점도 있다.

노량진1구역 남쪽에 위치한 노량진2구역은 411세대로 규모는 작지만 노량진뉴타운 중 가장 빠른 사업 속도가 강점이다. 이미 철거를 마쳐서 2025년 말 일반분양을 앞두고 있으며, SK건설의 새로운 하이엔드 브랜드인 '드파인'이 적용될 것으로 알려져 있다.

현대건설이 시공해 하이엔드 브랜드 '디에이치'로 건설될 예정인 노량진4구역은 844세대 규모로, 이주는 끝났고 현재 철거가 진행 중이다. 2026년 일반분양을 목표로 하고 있는 이곳은 중대형 평형의 비중이 높다는 차별점이 있다. 다만 경사가 심한 지형이 단점인데, 얼마나 평탄화해 설계할 수 있는지가 관건이 되겠다.

노량진5구역은 대우건설의 하이엔드 브랜드 '써밋'이 들어올 것으로 예정돼 있다. 2023년 9월 관리처분인가가 나서 현재는 이주 마무리 단계에 들어섰고, 철거를 마치면 2026년 하반기에는 일반분양이 가능할 것으로 보인다. 총 727세대이지만 일반분양에 나오는 세대는 282세대뿐이다.

1499세대 규모의 노량진6구역은 SK건설과 GS건설이 함께 시공하는 컨소시엄 단지다. 철거는 완료되었고 2026년 초 일반분양을 앞두고 있다. 나는 이곳의 일반분양이 다시 한번 노량진뉴타운의 시세를 올리는 트리거가 될 것이라 추측한다. 노량진역과 장승배기역 모두 도보 약 10~15분 거리에 있고, 좀 더 걸으면 대방역도 갈 수 있어서 세 개의 역을 모두 도보로 이용할 수 있다는 장점이 있다.

이 밖에 노량진7구역과 노량진8구역은 둘 다 이주·철거 단계에 놓여 있다. 7구역은 아직 이주 중이나 8구역은 철거가 완료되어 2026년 초에 일반분양할 가능성이 높다. 576세대의 소규모 단지인 7구역에는 SK건설의 '드파인'이, 987세대의 8구역에는 DL건설의 고급 브랜드 '아크로'가 들어온다. 8구역은 초등학교와 중학교, 고등학교를 모두 도보권으로 이용 가능하다는 강점이 있는데 이는 실거주자들에게는 분명한 메리트로 다가올 것이다.

노량진뉴타운에서 33평형을 받는 입주권 시세는 추가 분담금까지 고려했을 때 대략 20억 원 중반대 가까이 된다. 이를 들으면 어떤 사람들은 "그 돈으로 왜 노량진을 사? 노량진보다는 마포가 낫지 않아?"라고 말하기도 한다. 실제로 20억 원 중반대면 2025년 9월 기준 마포구의 대장으로 꼽히는 마포래미안푸르지오나 마포프레스티지자이도 노릴 수 있는 가격이다. 하지만 시간이 흐르면 말이 바뀔 것이다. 마포는 이미 완성된 도시이기에 동네에도, 시세에도 큰 변동이 있을 확률은 낮다.

반면 노량진뉴타운은 앞으로 변화할 일만 남아 있다. 진행 중인 사업들이 마무리되고 신축 아파트들이 하나씩 한강변, 노량진역 앞으로 들어오기 시작하면 대중들의 시각은 달라질 것이다. 노량진은 위로는 1호선과 9호선, 아래로는 7호선까지 지나 서울 어디든 빠르게 갈 수 있는 교통의 요지다. 게다가 9호선 라인을 따라서 한강변에 신축 아파트들이 줄줄이 들어서면 분위기 자체부터 달라질 것으로 보인다. 노량진을 보는 눈빛에는 곧 '부러움'이 서릴 것이다. 시세는 마포보다는 높고, 흑석보다는 비슷하거나 약간 낮은 수준으로 형성되지 않을까 추측한다.

그리고 하나 더 눈여겨볼 게 있다. 노량진에는 아직까지도 임용고시와 공무원시험 학원들이 밀집해 있지만, 온라인 강의가 대세가

된 요즘은 그 수요가 점점 주는 추세다. 대신 이 자리를 초·중·고 학원들이 채울 가능성이 크다고 본다. 이는 단순한 상권의 변화가 아니다. 노량진이 '시험을 보기 전까지만 공부를 위해 임시로 거주하는 동네'에서 '정주하는 동네'로 바뀔 수 있다는 신호다.

다시 말하지만, 지금 노량진은 단순히 개발되고 있는 지역이 아니다. '노량진답지 않다'는 말이 곧 칭찬이 될 만큼 격변하고 있다. 오랜 세월 고시촌의 이미지에 머물러 있던 동네가 이제는 고급 주거지로 다시 태어나는 중이다. 재개발 구역 모두에 각 건설사의 하이엔드 브랜드가 적용되어 들어온다는 것이 이를 단적으로 보여준 증거다. 그리고 그 변화는 생각보다 훨씬 빠를 것으로 예상된다.

방배, 잊혔던 상급지의 귀환

현 시점에 강남 3구에서 가장 변화가 많은 곳을 꼽자면 방배가 가장 먼저 떠오른다. 입지, 교통, 학군…… 뭐 하나 빠질 게 없는 동네이지만 묘하게도 방배는 늘 반포나 대치에 비해 주목받지 못했다. 이유는 간단하다. 방배에는 '방배답다'고 말할 만한 대표 랜드마크 단지가 없었기 때문이다.

사실 방배는 처음부터 눈에 띄는 동네가 아니었다. 조선시대에는 왕족과 양반들의 별장이 자리했던 한적한 교외였고, 해방 이후로는 지식인들과 예술가들이 모여 사는 단독주택 중심의 조용한 동네였다. 지금도 골목골목을 걷다 보면 낮은 담벼락 너머로 오래된 빨간 벽돌집들이 남아 있는 걸 볼 수 있다. 그러다가 1980~1990년대 강남 일대가 아파트 중심으로 빠르게 재편될 때도 방배는 고급 단독주택지의 분위기를 유지하며 흐름에서 약간 비껴 서 있었다. 그래서 더 '남겨진 땅'이었는지도 모른다.

하지만 지금은 다르다. 이제는 진짜 방배의 시간이 온 것이다. 방배 일대 위아래에 위치한 이수역과 사당역을 중심으로 방배5구역부터 6구역, 13구역, 14구역, 15구역까지 줄줄이 재개발이 진행 중이며, 방배역 아래 쪽에 위치한 방배신동아와 방배삼익 역시 재건축이 예정돼 있다. 방배 전체가 완전히 새로운 얼굴로 바뀌고 있는 것이다.

그 중심에 디에이치방배(방배5구역)이 있다. 3064세대 규모로 2026년 9월 입주를 앞둔 이곳은 이수역, 방배역 모두 도보로 이동이 가능해 무려 2호선, 4호선, 7호선 세 개의 노선을 모두 이용할 수 있는 입지다. 방배초등학교와 이수중학교 등 명문 학교도 가깝

방배 재건축·재개발 지도

다. 반포에 래미안원베일리가 있다면 방배에는 디에이치방배가 있다고 말할 수 있을 만큼 규모와 상징성 모두 우수한 단지다. 이제 방배에도 '대표 단지'가 생긴 것이다.

이러한 변화에 방배13구역, 즉 방배포레스트자이도 빠질 수 없다. 2217세대의 대단지로 완성될 이곳은 철거가 완료되어 곧 착공에 들어가고, 2029년에 입주할 예정이다. 방현초등학교와 동덕여중·여고가 단지 바로 옆에 있어 학군은 말할 것도 없고, 단지 뒤로는 매봉재산이 자리해 자연환경도 훌륭하다. 특히 딸이 있는 집이라면 유치원부터 고등학교까지 모두 걸어서 통학할 수 있으니 이보다 더 편한 입지는 없다.

그리고 마지막 퍼즐인 방배15구역은 2023년 12월 조합설립인가를 받아 현재 시공사로 포스코가 선정되었고, 하이엔드 브랜드 '오티에르'가 들어올 예정이다. 1688세대의 대단지이며, 사당역과 이수역 모두 이용이 가능하고 이수초등·중학교를 품고 있어 교통과 학군 모두 우수하다. 그 밖에도 방배신동아는 오티에르방배로, 방배삼익은 아크로리츠카운티로 재건축이 예정돼 있다. 이처럼 방배 전체의 판도는 느리지만 확실하게 바뀌고 있다.

물론 이런 이야기를 하다 보면 늘 따라붙는 아쉬움 가득한 말이 하나 있다.

"좋은 건 알겠는데…… 신축은 너무 비싸요."

그 말도 물론 맞다. 그래서 방배에서는 구축도 살펴볼 필요가 있다. 대표적으로 방배롯데캐슬아르떼가 있다. 2013년에 준공된 이곳은 744세대로 아주 큰 대단지는 아니지만, 이수역 바로 앞에 위치해 4호선과 7호선을 모두 이용 가능하다는 장점이 있다. 디에이치방배가 대장으로 치고 나가면 방배롯데캐슬아르떼가 그 뒤를 따라가며 시세를 메워줄 가능성이 높다. 그 외에도 방배그랑자이, 방배아트자이, 방배서리풀e편한세상 등도 구축이지만 대안 단지로 살펴볼 만하다. 다만 방배그랑자이와 방배아트자이는 방일초등학교에 배정받는데, 아이가 걸어가기엔 다소 멀다. 초등학생 자녀가 있거나 자녀 계획이 있는 실거주자라면 이 점을 꼭 고려해 보길 바란다.

이제는 확실하다. 오래도록 조용했던 방배가 움직이기 시작했다는 게 말이다. 그 움직임은 단순한 재건축이 아니라 '방배'라는 동네가 갖고 있던 수십 년의 잠재력이 폭발하는 과정이라고 보는 게 맞다. 오랜 시간 고요했던 동네가 마침내 '강남'이라는 이름값을 할 차례를 맞이한 것이다.

불멸의 호재는
학군이다

상급지의 요건 중 가장 중요한 것은 무엇일까? 일자리? 강남 접근성? 아니면 풍부한 인프라? 물론 이들도 중요하겠지만, 가장 최근의 하락장을 거치면서 존재감을 뽐낸 하나의 요건이 있다. 바로 학군이다. 2022년 가파른 하락장이 닥친 후 2023년 상반기부터 조금씩 회복세를 보인 몇몇 동네들이 있었는데, 그 동네들의 공통점은 하나였다. 좋은 학교와 학원가를 갖추고 있었다는 점이다. 학군지는 하락장에도 꾸준한 수요가 있기에, 하락장에 덜 하락하고 가장 먼저 회복한다.

그래서 서울에서 가장 먼저 회복세를 보인 곳도 강남 3구를 제외하면 불굴의 학군지인 목동이었다. 대구에서도 수성구 범어동이 가장 먼저 회복세를 보였고, 울산에서도 남구만은 학군 덕택에 꾸준한 수요를 보이며 하락장에도 잘 버텨주었다. 수도권은 학군 외에도 한강이나 양질의 일자리, 지하철처럼 집값에 결정적인 영향을 미치는 요인이 많으나 지방은 학군이라는 요소가 가장 크게 작용한다. 그만큼 투자할 때 절대 놓쳐서는 안 될 요소다.

모두가
학군지를 원하는 이유

아들인 맹자를 잘 가르치기 위해 맹자의 어머니는 세 번의 이사를 감행했다고 한다. 그래서 나온 말이 '맹모삼천지교'인데, 이처럼 그 옛날에도 치맛바람은 있었을 만큼 우리 인생의 유구한 숙제가 자녀 교육이다.

나도 아이가 생기기 전에는 학군을 그다지 중요하게 생각하지 않았는데, 아이가 생기고 나니 무엇보다도 교육하기 좋은 환경에서 살고 싶다는 욕심이 생겼다. 공부를 잘해 대학에 잘 갔으면 좋겠다는 욕심도 있지만, 학군지의 분위기와 태도를 배우길 바라기 때문이다. 투자를 하며 여러 지역을 메뚜기처럼 뛰어다니던 시절, 나는 학군지와는 거리가 먼 동네에도, 의도치 않게 학구열이 강한 목동에도 살아본 적이 있다. 그때 가장 크게 느낀 게 '분위기 때문에라도 학군지에서 아이를 키워야 하는구나'라는 점이었다.

투자 초기 우리가 살았던 성북구 석계역 근처 아파트는 초등학교도 멀고, 중고등학교는 어디에 붙어 있는지도 모르는 곳이었다. 그러다 보니 아파트에도 아이를 키우는 부모들이 흔치 않았고, 종종 보이는 중고등학생들도 흔히 생각하는 모범생이나 우등생들과는 거리가 멀었다. 복도식 아파트여서 여름에 문을 열고 있으면 다른 집의 소리가 그대로 들려왔는데, 옆집 아이들이 게임을 하며 욕을 내뱉는 소리가 거의 종일 이어지는 것이었다(물론 전부 그렇지는 않았을 거라고 믿는다).

이후 우리는 목동으로 이사했다. 목동의 메인 단지인 신시가지 아파트는 아니었지만 목동 특유의 면학 분위기는 그대로 공유하는 곳이었다. 아이들은 대부분 편한 생활복이나 체육복 차림으로 자전거를 타며 돌아다녔고, 삼삼오오 모여서 학원이나 스터디카페로 향했다. 대부분이 부모의 관리 속에서 안전하고 올바르게 자라는 것처럼 보였다.

아이들은 아직 자아가 모두 형성되지 않았기에 학창시절 주변 친구들과 어울리고, 그 분위기에 자연스럽게 동화되며 성장한다. '초

록동색'이라는 사자성어도 있지 않은가. 나에게도 아이가 생기면서, 목동처럼 아이들끼리 함께 공부하고 학원에 가는 게 당연하게 느껴지는 분위기 속에서 내 아이를 교육하고 싶다는 생각을 굳히게 되었다. 다른 학부모들도 나와 다르지 않을 것이다. 그래서 아이가 있는 사람들은 대부분이 좋은 학군에서 자녀를 키우고 싶어 한다. 이러한 욕망이 학군지를 만들고, 이는 고스란히 주택 가격에 영향을 미친다.

같은 입지, 다른 학교가 만드는 큰 차이

입시 경쟁이 치열한 우리나라에서 특히나 중요시되는 건 중고등학교 학군이다. 학군은 대부분 학업성취도 평가나 특목고(특수목적고등학교) 진학률 등으로 평가되는데, 좋은 학군일수록 당연히 학업성취도도, 특목고 진학률도 높다. 서울은 학교를 거주지 우선으로 배치하기 때문에 어디에 사느냐에 따라 진학하는 학교가 다르다. 아파트마다 배치되는 학교가 모두 다르다 보니 선호하는 학교에 배치되는 아파트의 가격이 그렇지 않은 아파트보다 비싼 경우도

많고, 심지어는 같은 아파트인데도 동마다 가격 차이가 나타나기도 한다. 동에 따라 배치되는 초등학교가 달라지기도 하기 때문이다.

양천구 신정동에 위치한 목동우성2차와 목동삼성래미안2차를 보자. 이 두 아파트는 각각 2000년과 2001년식으로 2호선 양천구청역을 이용하며 역까지의 거리는 도보 6분과 10분 정도로 비슷하다. 교통과 주변 인프라 역시 큰 차이가 없다. 그런데도 이 두 아파트의 가격 차이는 약 2억8000만 원 이상이다. 심지어 목동우성2차는 1000세대 넘는 대규모 단지이고 목동삼성래미안2차는 500세대 이하의 소규모 단지로, 단지 규모만 본다면 오히려 목동우성2차가 더 좋은 조건임에도 말이다.

이 두 아파트의 차이는 바로 초등학교 학군이다. 목동에서는 신시가지아파트 아이들과 함께 다닐 수 있는 초등학교들이 선호된다. 목동우성2차 아이들이 배정받는 은정초등학교는 주변 양천아파트 아이들과 함께 배치되는 한편, 목동삼성래미안2차 아이들이 배정받는 곳은 갈산초등학교로 신시가지13, 14단지 아이들도 이곳을 다닌다. 신정동에서는 당연히 갈산초등학교를 선호하고, 바로 이 점이 두 아파트의 격차를 만드는 것이다. 신시가지아파트에 살지 않아도 학군을 공유할 수 있다는 점이 목동삼성래미안2차의 차별점이 되었다.

목동우성2차와 목동삼성래미안2차는 초등학교 이후부터는 같은 중학교로 배치되기에 사실상 목동 학군을 공유하는 셈이다. 하지만 초등학교 때 형성된 교우관계가 고등학교까지 이어지는 경우가 비일비재하기에 부모들은 초등학교부터 좋은 곳에 보내기 위해 노력한다. 또한 목동은 교육열이 뜨거운 지역이라 초등학생 때부터 학업 레이스를 시작하는 경우가 많으므로 목동에서는 '어느 초등학교로 배치되느냐'도 매우 중요한 입지 조건이 되는 것이다.

디테일이 입지를 가른다

서울 노원구에 위치한 학여울청구아파트는 101~105동 앞 단지와 106~117동 뒷 단지의 시세에 5000만 원 정도 차이가 있다. 같은 단지이기에 교통이나 주변 인프라는 당연히 같을 것이다. 이 둘의 시세에 영향을 미친 것 역시 초등학교 배치 차이다. 중랑천 옆에 길쭉하게 자리한 1476세대의 대단지 학여울청구아파트는 중평초등학교와 중현초등학교, 두 곳으로 나누어 배치된다. 두 학교는 학업성적과 위치 모두 큰 차이가 있다. 중평초등학교는 아파트와 가까

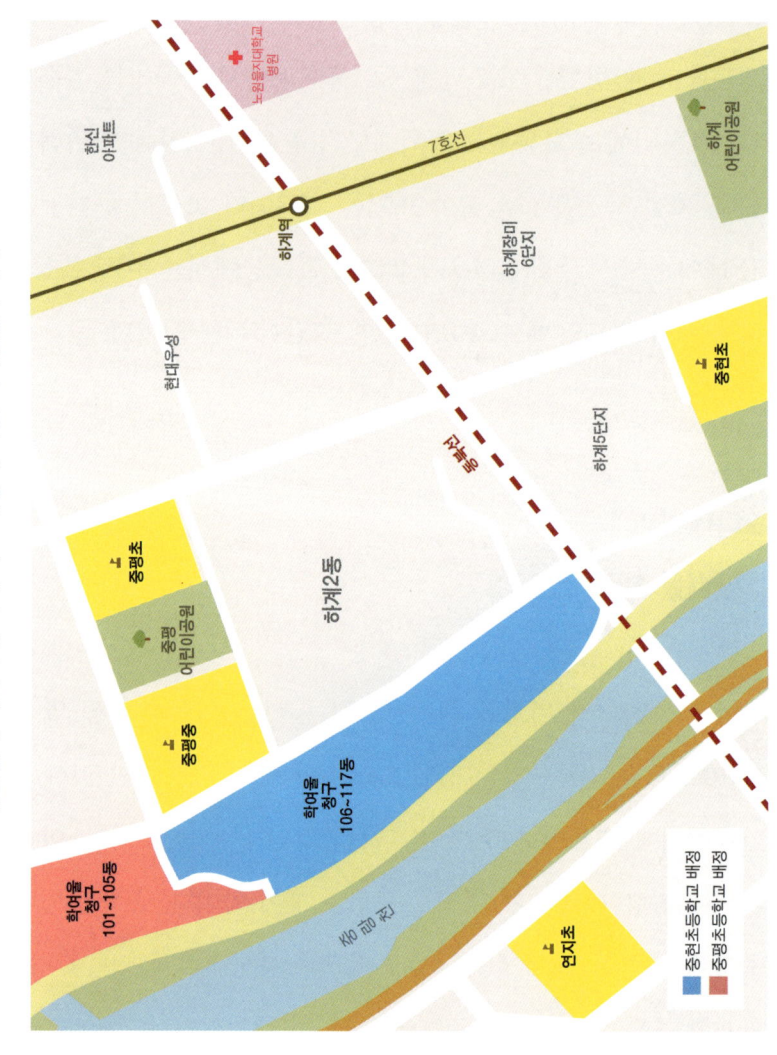

울뿐더러 서울 내에서도 학업성취도가 높은 편인 반면, 중현초등학교는 큰 대로를 건너야 하는 거리에 있으며 학업성취도가 그리 높은 편도 아니다. 학여울청구아파트의 앞 단지는 중평초등학교를 배치받고 뒷 단지는 중현초등학교를 배치받으니, 뒷 단지는 시세가 낮게 형성될 수밖에 없는 것이다.

이 경우 학업성취도도 분명 영향을 미쳤겠으나, 두 학교의 위치 차이도 크게 작용한다. 116페이지 사진에서 볼 수 있듯이, 중현초등학교에 가기 위해서는 왕복 6차선이 넘는 대로를 건너야 한다. 초등학생이 대로를 건너는 데는 당연히 교통사고 위험이 따라 붙기에, 어린 자녀를 둔 학부모들은 대로 너머로 초등학교를 보내야 하는 단지를 선호하지 않는다.

이처럼 학군은 자녀가 있는 실수요자들에게는 사는 내내 큰 영향을 미치는 요소이므로 투자를 할 때는 각 아파트가 어느 학교에 배치되며 해당 지역에서 선호되는 학교는 어디인지, 그리고 학교까지의 거리는 어느 정도인지를 꼭 확인해야 한다. 학군지라면 더더욱 그렇다.

중평초등학교에 가기 위한 보도(위)와 중현초등학교에 가기 위한 보도(아래)
(출처: 네이버 지도)

사교육 시장, 어쩔 수 없는 선택

2022년 우리나라 사교육 시장의 총액은 약 26조 원에 달했다고 한다. 무려 카카오의 시가총액에 달하는 금액이다. 우리나라 부모들이 얼마나 교육에 진심인지 단박에 알 수 있는 지점이다. 그만큼 우리나라 사람들의 삶은 '교육'과 '대학 입시'를 빼놓고는 설명하기 어렵다. 하지만 아이러니하게도 많은 학부모가 학교를 신뢰하지 않는다. 부모들은 혹시나 자신의 자녀가 다른 아이보다 도태되는 건 아닐지 늘 전전긍긍하고 살아가기에, 학교가 아닌 그 외의 교육기관에 기대곤 한다. 학원가는 이런 부모들의 욕망과 불안을 먹으며 크게 성장해 왔다. 그렇다 보니 아무리 작은 도시라 해도 중심에는 자연스럽게 학원가가 형성된다.

서울에는 우리나라를 대표하는 '빅 3' 학원가가 존재한다. 초등학교부터 의대 입시반이 있다는 강남구 대치동, 학군을 논할 때 빠지면 서운한 양천구 목동, 그리고 살기 좋은 교육 도시로 꼽히는 노원구 중계동이다. 이 중 단연 최고의 학원가로 꼽히는 대치동은 대한민국 국민이라면 모를 수 없는 지역이다.

물론 서울에만 학원가가 있는 것은 아니다. 경기도에도 손꼽히는 학원가가 많은데 평촌 학원가, 분당 학원가, 일산 후곡마을 학원가가 대표적이다. 특히 경기도 최고의 학원가로 불리는 평촌 학원가는 안양과 평촌 일대 학생뿐 아니라 과천, 의왕, 산본, 금정 등 주변 지역의 학생들까지 모여드는 곳이다. 아마 이 학원가들의 이름을 처음 들어보는 사람은 드물 것이다. 그만큼 이 학원가들이 위치한 지역은 대부분 '살기 좋은 동네'로 명성이 자자하기 때문이다.

그런데 이렇게 좋은 지역 내에서 같은 학원가를 공유하는 아파트 단지라고 해도, 학원가를 어떻게 이용할 수 있느냐에 따라 가격에 차이가 발생한다. 대부분의 학원에서는 늦은 밤에 수업이 끝나는데, 부모들에게 야심한 시간 귀한 아들딸이 학원에서 집까지 금방 걸어서 오느냐와 셔틀버스를 타고 와야 하느냐는 하늘과 땅 차이로 느껴질 것이다. 유치원에 버스를 타고 가는 것도 안쓰러운 게 부모 마음인데, 하루 종일 공부하느라 고생한 수험생의 부모라면 오죽하겠는가.

지방의 경우 학군과 학원가의 힘은 더욱더 강력하다. 수도권에서는 거의 대부분이 대중교통을 타고 출퇴근을 하기에 이를 절대 무시할 수 없지만, 지방은 대중교통의 중요도가 비교적 낮기 때문에 교통보다도 학군과 학원가가 훨씬 더 중요한 입지 요소다. 부산과 대구 같은 대도시를 제외하면 보통 도시 끝에서 끝까지 자동차로

한 시간이면 충분히 이동할 수 있기에, 지방에서는 교통망보다 학군과 학원가 유무를 훨씬 더 중요시한다. 그래서 지방 투자에 관심이 있다면 수요가 탄탄한 학원가가 어디인지부터 확인할 필요가 있다. 어느 동네든 '그 지역의 강남'은 있기 마련이고, 지방의 강남은 대부분의 경우 그 도시에서 유명한 학원가 주변이다.

'역대 최저 출산율'은 매년 뉴스의 단골 소재이며 특히나 지방은 출산율 저하에 따른 학령기 인구 감소가 심각한 상황이다. 혹자는 이처럼 학생들이 크게 줄고 있기에 앞으로 학군의 중요성이 떨어질 거라고 예측하기도 한다. 하지만 나는 정반대라고 생각한다. 가뭄이 오면 호수의 가장자리부터 물이 마르는 것과 같은 이치다. 가장자리에 살던 물고기들은 점점 물이 있는 호수의 중심부로 올 것이고 호수 중심의 경쟁은 치열해질 것이다. 이처럼 줄어드는 아이들 속에서도 부모들은 더 나은 교육환경을 찾아 경쟁적으로 학군지로 몰릴 게 자명하다. 출산률이 낮아져도 '좋은 학교'를 둘러싼 수요는 오히려 더 집중되고, 학군지에 대한 관심은 뜨거워질 수밖에 없다. 학군이 '불멸의 호재'인 이유다.

홍샘's TIP

강남을 보는 것보다
좋은 공부는 없다

조선 후기, 다산 정약용은 죽기 전에 자식들에게 이런 이야기를 해줬다고 한다.

"벼슬을 해서 한양에 머물면 좋겠지만, 벼슬을 할 수 없다면 아무리 힘들어도 사대문에서는 벗어나지 마라."

그 당시에도 모든 것이 모이던 한양, 그중에서도 꼭 사대문 안에 살라고 강조한 것이다. 정약용이 강조한 '사대문'을 지금으로 바꿔 생각하면 아마도 강남이지 않을까 싶다.

물론 모두가 지금 당장 강남에 진입하기는 실상 불가능하다. 그럼에도 꼭 말하고 싶은 것은, 속도가 다소 느리고 과정이 지난할지라도 점점 강남으로, 상급지로 가는 게 중요하다는 점이다. 언제나 상급지로 가야 한다는 것을 새겨두며 기민하게 촉을 세워두지 않으면 중간에 잘못 다리를 놓고 엉뚱한 곳으로 갈 수도 있다. 그리고 이는 때로 돌이킬 수 없는 결과를 불러오기도 한다.

노무현 정부 시절인 2005~2007년, 경기도 용인의 중대형 평형 아파트들이 주목을 받은 적이 있었다. 당시 은퇴를 앞두고 있던 사람들 다수가 넓은 집에서의 쾌적한 삶을 꿈꾸며 서울 집을 팔고 용인으로 내려갔다. 그리고 그 뒤로 용인의 중대형 평형 아파트들은 '버블세븐(2006년 정부가 부동산 가격에 거품이 많이 끼었다고 지목한 7개의 지역. 강남, 서초, 송파구와 양천구 목동, 분당신도시, 평촌신도시, 용인)'의 영광을 뒤로하고 끝없이 하락했다. 오랜 시간이 지난 지금까지도 그때의 전 고점을 회복하지 못한 곳들이 상당수다.

122페이지의 그래프를 보면 알 수 있듯이, 2006년도에는 용인의 푸른마을푸르지오(52평)와 신봉마을LG자이1차(47평), 서울 송파구의 장미2차(33평)의 시세가 모두 7~8억 원대로 비슷한 수준이었으나 현재는 20억 원 정도 차이가 난다. 장미2차는 약 30억 원 내외로 거래되고 있으나 푸른마을푸르지오는 약 11억 원 내외, 신봉마을LG자이1차는 2006년과 사

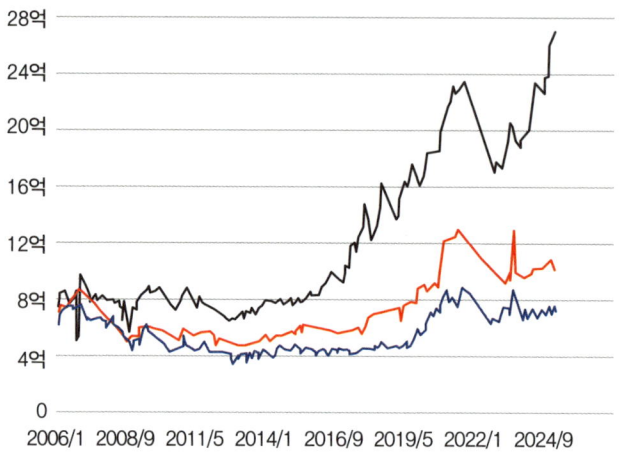

용인 대형평형 아파트와 서울 국평 아파트의 가격 추이 비교(출처: 아실)

― 장미2차(33평)　― 푸른마을푸르지오(52평)　― 신봉마을LG자이1차(47평)

실상 같은 수준인 7억 원 중반에 거래되고 있다. 그때 용인으로 간 사람은 많아도, 다시 서울로 돌아온 사람은 없다.

　이때의 버블세븐 사태가 말해주는 메시지는 명확하다. 평수를 줄이더라도 상급지로 가야 한다는 것. 나는 내가 가야 할 방향이 어디일지 힌트를 얻기 위해, 매도인과 만날 때면 꼭 이 집을 팔고 어디로 가시냐고 넌지시 물어본다. 이는 투자 초기부터 해온 습관이다. 그로부터 힌트를 얻으면서 사람들이 지금 많이 투자하는 곳은 어디며, 또 내가 이 집을 팔고 가야 할 다음 스텝은 어디인지를 배우는 것이다.

지피지기면 백전백승, 강남을 알아야 상급지가 보인다

흔히 강남이라고 하면 강남구, 서초구, 송파구를 말한다. 각 구의 대표적인 동네로는, 강남구에는 모두 이름만 들어도 부촌임을 아는 압구정동이, 서초구에는 반포동과 대치동이, 송파구에는 잠실동이 있다. 네 개의 동 모두 '서울'이라는 도시만큼, 어쩌면 그 이상의 브랜드 가치를 갖고 있을 만큼 우리나라를 대표하는 부촌들이다.

임장을 다닐 때 부동산 소장님들이 입을 모아 말하기를, 이곳들은 모두 연봉 1억 원 정도로는 부딪힐 수도 없고 부딪혀서도 안 된다는 것이었다. 무리한 대출을 통해 강남을 매수한들, 금리가 조금만 올라도 삶 자체가 흔들려 결국은 급매로 내놓는 경우가 많다고 말하며 소장님들은 최소 20억 원에서 25억 원 이상의 현금이 준비되어 있을 때 입성하기를 권했다.

이런 말을 들었다고 하면 "그래, 돈도 얼마 없는데 강남은 무슨 강남이야, 시간 아깝게 임장은 왜 다녀" 하는 사람도 있다. 하지만 나는 그럼에도 강남에 대해 알아야 한다고 생각한다. 지피지기라면 백전백승이라는 말도 있지 않던가. 시세 최상단에 위치한 지역에 사는 사람들은 어떤 직업을 갖고 어떻게 살아갈까? 또 그 지역들은 어떤 입지를 갖추고 있으며 어떻게 차별화되어 있길래 그렇게 가격이 높게 형성되어 있는 걸까?

 이를 알고 나면 단순히 강남에 사는 사람들을 부러워만 하는 게 아니라, 그들과 비슷한 삶을 쟁취할 수 있는 '눈'을 갖게 된다. 내가 보는 책이 미래의 나를 만들듯 지금 내가 경험하고 느끼고 아는 것의 총체가 미래의 나를 만든다. 그래서 나는 모두가 상급지로 향해야 하는 지금, 최고의 상급지인 '강남'을 알기를 강력하게 권한다.

송파구 잠실동, 강남 입성의 첫발

 석촌호수와 롯데월드, 우리나라에서 가장 높은 건물인 롯데타워가 있는 잠실은 서울 사람이라면 누구나 한 번쯤은 데이트를 위해 가봤을 동네다. 이곳은 강남 입성의 첫발을 떼기에 가장 좋은 지역이다. 가격 측면에서도 개포동과 대치동에 비하면 큰 부담이 없고 2006년부터 재건축이 진행되어 어느 정도 완성된 도시의 모습을 갖추고 있기 때문이다. '롯데 왕국'이라 불릴 정도로 롯데 소유의 백화점, 아웃렛, 호텔 등 모든 편의 시설을 갖추고 있고 종합운동장과 올림픽공원, 석촌호수 등 녹지도 충분하기에 주거 환경이 우수하다.

잠실을 대표하는 아파트는 이른바 '엘리트'라 불리는 잠실엘스, 잠실리센츠, 잠실트리지움이다. 매매가와 전월세 가격도 이 순서대로 형성된다. 엘스와 리센츠는 단지 내에 초등학교, 중학교, 고등학교가 있고 잠실의 가장 큰 학원가인 파인애플 상가를 이용하기 매우 편리하며, 9호선 종합운동장역과 2호선 잠실새내역을 이용할 수 있는 교통 편리성도 갖추고 있다.

아쉬운 점이 있다면 단연 연식이다. 2008년에 지어졌기에 요즘 신축 아파트들과는 차이가 큰데, 잠실엘스의 경우 단지 내 커뮤니티 시설이 같은 시기 지어진 서초구 반포동 아파트들보다도 미비해서 젊은 세대들이 적극적으로 매수에 나서지 않는다는 평이 있다. 젊은 세대들은 학군과 잠실 학원가 이용만을 위해 전월세를 선택한다는 경우도 많다고 하는데, 실제로 임장을 갔을 때도 세입자 입장에서 집을 구하러 온 사람들이 꽤 보였다.

이러한 연식의 아쉬움을 달래주는 것이 같은 송파구에 위치한 가락동 헬리오시티다. 2018년에 입주한 헬리오시티는 수영장, 헬스장, 게스트룸 등 커뮤니티 시설을 풍부하게 갖춘 1만 세대 규모의 대단지다. 비록 잠실동은 아니지만 잠실에서 멀지 않고, 초등학교와 중학교를 단지 내에 끼고 있는 데다가 대치동 라이딩을 하기에는 잠실보다도 편리해서 자녀를 둔 젊은 부부들이 많이 산다. '엘리트'는 33평 기준 이제 약 33억 원 정도의 가격을 생각해야 하지만 헬리오시티는 아직까지 30억 원 미만으로도 매수가 가능해 매수에 뛰어드는 사람이 많다. 이처럼 잠실의 대안 단지로 주목받은 덕인지, 헬리오시티 내에 위치한 해누리중학교는 2023년 특목고 진학률에서도 송파구 상위권을 차지했다.

그렇다면 잠실을 판 사람들은 어디로 갈까? 그 질문은 다시 말하면 '30억 원 초중반대(2025년 9월 기준)의 집을 팔아 이들이 어디를 갈 수 있느냐'는 것이다. 엘리트를 파는 이들 대다수가 도곡동과 대치동 입성을 꿈꾼다. 종종 반포동으로 가는 이들도 있지만, 자녀의 교육이 끝나지 않은 세대라면 보통 대치동과 도곡동으로 이사한다고 한다. 잠실에서도 대치동 학원가를 이용하는 데는 무리가 없지만 부모의 라이딩과 헌신이 필요하기 때문이다. 고등학생이 되면 시간이 금인데, 교통체증이 심각한 영동대로에서 아이의 시간을 허비하기 아까울 것이다. 그뿐만 아니라 라이딩하는 부모의 고생도 상당하므로, 많은 이들이 도보로 학원가 이용이 가능한 곳으로 이사하고 싶어 한다.

잠실은 강남의 가장 초입에서 강남 입성을 꿈꾸는 이들에게 다리 역할을 해주는 곳이다. 강남의 첫 관문과도 같아서 강북 일대, 마포구 쪽이나 옥수동 혹은 경기도 구리 같은 곳에서 갈아타기를 하는 사람도 많고, 간혹 지방에서 똘똘한 한 채를 위해 사놓는 사람도 많다고 한다.

'개'도 '포르쉐'를 타는 동네, 개포동

예전에는 제대로 된 지하철도 다니지 않아서 '개'도 '포기'한 동네라고 불리던 개포동이 재건축으로 역전을 시도하고 있다. 개포동은 양재천을 기준으로 남쪽에 있는 곳으로, 사실 위치상으로는 강남에서 가장 외진 끝자락에 위치해 있다. 그래서 '강남' 하면 흔히 떠오르는 화려한 빌딩과 넓은 도로를 상상하고 개포동에 가면 조금은 실망할 수 있다.

그 대신 이곳은 대모산, 구룡산 등 산으로 둘러싸여 있어 조용하고, 공원과 녹지 시설이 잘 조성되어 있어 살기 좋다. 다만 개포동을 대표할 만한 학원가가 없어 많은 학생이 대치동을 이용하고, 따라서 학령기 자녀 교육을 위해서는 부모의 라이딩과 헌신이 필요하다는 점이 아쉬움으로 꼽힌다.

그럼에도 개포동의 큰 매력은, 최근에 개포주공을 대거 재건축해 신축 아파트 단지로 탈바꿈했다는 점이다. 개포동의 단지들은 대부분 수영장, 조식, 중식, 석식 서비스 등 화려한 커뮤니티와 안면인식 서비스 등 최신식 시설을 자랑한다. 그래서인지 개포동에는 대치동에서 이사를 오는 어르신이 종종 있다고 한다. 대치동에서 자녀 교육에 힘쓰던 분들이, 자녀들이 대학에 가고 나면 좀 더 여유로운 생활을 하기 위해 개포로 이주한다는 것이다. 아름다운 산과 자연 환경을 갖춘 데다 편리한 커뮤니티 시설을 이용할 수 있고 식사까지 제공되니, 중·노년층에게 개포는 분명 매력적인 동네일 것이다.

그 대신 자녀를 둔 부부의 이주는 생각만큼 많지 않다. 지금 개포의 새 아파트 가격은 33평형 기준 34억 원을 넘어가는데, 이 가격대로 강남 안에서 선택할 수 있는 대안이 너무 많기 때문이다. 물론 사람마다 집에 대한 기준은 다르겠지만, 젊은 부부들이 강남에 입성하고자 하는 이유는 대부분이 자녀 교육이기에 보통은 학원가를 도보로 이용할 수 있는 곳을 선택한다. 실제로 부동산에 임장을 갔을 때, 개포의 새 집은 전세로 주고 그 대신 도곡이나 대치에 전월세로 이사를 하는 젊은 엄마들이 많다는 이야기를 들었다.

지금 이 시기 분명한 것은 개포 신축 아파트의 가격이 점차 대치, 도곡과 어깨를 맞춰가며 개포동이 이제는 '개'도 '포르쉐'를 타는 동네로 변하고 있다는 사실이다.

말은 제주로, 학생은 대치동으로

'말은 제주로, 사람은 한양으로'라는 조선시대 속담이 있다. 이를 현대 버전으로 바꾸면 '말은 제주로, 학생은 대치동으로'일 것이다. 대치동은 대한민국 사교육 시장의 메카이자 그 자체다. '대치동 학원가'라 하면 보통 분당선 한티역에서부터 은마아파트 사거리 사이 1.5km 정도에 있는 학원가를 말한다. 그래서 흔히 '대치동'이라 부르는 지역은 사실 한티역 일대의 도곡동부터 은마아파트까지, 대치 학원가 생활권을 공유하는 곳 모두를 일컫는다.

과거에 대치동 학원가는 대개 학업에 대한 부담이 높은 학군지 학생들이나 부잣집 자녀들만 다니는 곳이라 여겨졌지만, 2016년 수서역 SRT가 개통된 이후 지방에서도 대치동까지의 '트레인 라이딩 train riding'이 가능해지며 훨씬 많은 학생들이 이용하는 곳이 되었다. 세종이나 대전에서도 대치동 주말반 강의를 수강하러 오는 학생들이 생기기 시작한 것이다. 대치동은 이제 교육에 관심이 있는 부모들이라면 누구나 고려하는 선택지가 되었다.

　대치동에 임장을 갔을 때 한결같이 들었던 것이 "아이를 위해서는 이 정도의 희생이 필요해요"라는 말이었다. 심지어 반포에 집이 있는데도 자녀의 교육을 위해 대치동이나 도곡동의 작은 집에 전세를 얻는 '점프맘'들이 많다고 했다. 그 말을 처음 들었을 때는 '에이, 지하철로든 자동차로든 여기까지 30분이면 오는데, 굳이 반포를 포기하고 이곳에?'라는 생각이 들었지만, 막상 임장을 해보니 나 또한 마음이 흔들렸다. 카페나 베이커리에 가면 조용히 아이의 학원 문제집이나 공부법 책을 정독하는 엄마들이 심심찮게 보였고, 어느 매물을 보든 집 안에는 책들이 빼곡하게 들어차 있었다. 동네 전체가 이런 분위기라면 누구든 학업에 집중하고, 목표를 이룰 수밖에 없겠다는 인상을 받았다.

　대치동, 도곡동 일대에는 상당히 많은 아파트가 있지만 그중에서도 선호하는 단지는 있기 마련이다. 도곡동에서는 도곡렉슬이, 대치동에서는 대치래미안팰리스가 가장 선호도가 높다. 한티역을 사이에 두고 지척에 있는 이 단지들은 대치동 학원가와 가까우며 대도초등학교와 대치초등학교에 배정받는다는 장점이 있다. 또 그 뒤로 대청중, 단대부고, 중대부고, 숙명여중·고등학교 등 내로라하는 학군이 즐비해 있으니 선호하는 이유에 뭐가 더 필요할까?

 이런 대치동에서 이사를 나가는 이유는 대체로 자녀 교육이 끝나서다. 부동산에서 대치동이나 도곡동에 사는 사람들은 보통 개포동이나 반포동으로 이사를 한다고 말해줬는데, 실제로 한 매도인분과 대화를 나눠보니 그분 역시 반포동으로 이사를 할 예정이라고 했다. 자녀가 특목고에 합격해 기숙사 생활을 하게 되었으니, 거주하기에 더 편리한 곳으로 가고 싶다는 말씀이셨다. 이처럼 대치동은 어디에 살든, 자산이 얼마나 많든 자녀 교육에 열성적인 사람이라면 누구나 살고 싶어 하는 지역이다. 우리나라의 교육열이 식지 않는 한 대치동의 수요는 앞으로도 꾸준할 것으로 보인다.

반포, 모두가 살고 싶어 하는 동네

 우리나라 부촌의 상징인 반포는 많은 이들의 워너비 동네다. 강남에 가면 '강남에도 급이 있다'는 말을 자주 듣는데, 반포는 그런 의미에서 강남에서도 '급이 다른 동네'로 꼽히는 곳이다. 흔히 말하는 '반포'는 반포대로를 기준으로 양옆에 위치한 잠원동과 반포동을 통틀어 일컫는다. 현존하는 우리나라 최고가 아파트 중 하나인 래미안원베일리 역시 이곳에 위치해 있다.

반포에 내 집 마련을 하기 위해서는 대출을 낀다 해도 26~34평 기준 최소 25~40억 원의 현금이 필요하다. 그 가격에 걸맞게 반포 일대에 위치한 모든 아파트는 전부 뛰어난 입지와 상품을 자랑한다. 지하철 3, 7, 9호선이 지나며 국내 최대 규모 버스터미널인 고속터미널을 이용할 수 있어 사통팔달한 동네다. 'BIG 5' 병원 중 하나인 가톨릭대학교서울성모병원, 백화점, 쇼핑센터, 지하상가, 호텔 그리고 한강공원이라는 아름다운 녹지까지, 도시가 갖춰야 할 모든 인프라가 있다고 해도 무방하다. 그래서 반포에는 한강 조망을 자랑하는 아파트도 많다.

또한 래미안원베일리, 아크로리버파크 등 신축 아파트는 물론이고 2008년에 준공되어 예전부터 대장 자리를 지켜온 반포래미안퍼스티지와 반포자이마저도 지금 지어지는 아파트와 견줘도 손색없는 훌륭한 커뮤니티 시설을 갖추고 있다.

반포에 임장을 갔을 때 느낀 특이한 점은, 부동산 소장님들이 이 집의 주인은 누구였으며 그분이 어떻게 잘되었는지 같은 해당 매물의 역사를 소개해 주신다는 것이었다. 알고 보니 반포는 성공한 사업가나 기업의 임원, 병원장이나 법무법인 대표들이 살다 보니 풍수지리에 예민하다고 했다. 일례로 시세보다 매우 저렴하게 나온 매물이 있어 이유를 여쭈었더니 이혼 소송에 걸린 매물이라 오랫동안 나가지 않았다고 했다. 다른 지역과는 확연히 다른 지점이었다.

반포의 특징이 하나 더 있다면 매물이 잘 나오지 않는다는 것이다. 팔고 다른 곳에 갈 이유가 없기에 급매가 기본적으로 희귀하며, 가끔 나오는 급매물들은 보통 증여나 상속을 받은 2세들이 해외 영주를 위해 팔거나 집안 어르신이 돌아가시기 일보 직전이라 급히 증여해야 하는 경우라고 했다.

죽기 전에는 안 파는 동네, 압구정

지방 출신이어서인지, 나는 항상 강남은 왜 그렇게 비싼지 궁금했다. 그래서 부동산에 갈 때마다 '여기는 왜 이렇게 비싸냐'고 물어봤던 기억이 난다. 그러면 부동산 소장님들은 동네마다 나름의 이유를 대곤 했다. 개포는 좀 외곽이긴 해도 1군 브랜드 대단지로 재건축돼 살기도 좋은 데다가 산이 있어서 공기가 좋고, 반포는 교통이며 편의 시설이며 학군이며 뭐 하나 빠지는 게 없고, 대치는 자녀 교육하기에 최적화된 동네고……. 압구정에 가서도 똑같은 질문을 했다. 그러자 소장님은 어이없다는 눈빛으로 나를 잠시 쳐다보시더니 이렇게 대답했다.

"아니, 여긴 압구정이잖아요. 에르메스, 샤넬 가서 '여기는 가방이 왜 이렇게 비싸요?' 하는 거랑 똑같은 거예요."

그렇다. 압구정은 강남 신화의 최고봉이자 누구나 갖고 싶어 하는 명품 그 자체였던 것이다.

특별히 학원가가 없는 압구정을 보며 이 동네 아이들은 도대체 어디서 사교육을 받는지 궁금했는데, 대치동을 이용하는 경우도 있지만 압구정 아이들 대부분은 과외를 받는다고 했다. 또한 압구정의 초등학교는 학생 수가 많이 줄었는데, 그 이유는 사립초등학교 선호가 뚜렷해졌기 때문이라고 했다. 실제로 부동산 소장님들은 압구정에 들어오지 않는 사립초등학교 셔틀버스가 없을 정도라고 입을 모았다. 내가 본 집 중 한 집도 사립초등학교에 다니던 자녀가 국제중학교에 가게 되어 전세를 놓고, 잠시 학교가 위치한 강북으로 이사를 하신다고 했다.

부동산 소장님들이 들려준 압구정 사람들의 이야기는 그야말로 '부의 끝판왕' 같았다. 압구정에 사는 사람들은 대부분이 높은 고위직이거나 상당한 재력가여서 아이의 성적에 크게 연연하지 않는다. 공부로 성공해서 집안을 일으킬 필요가 없으니 부모가 쌓아놓은 재산, 즉 집이나 건물 등을 관리하고 지키는 법을 가르친다고 한다. 어차피 한국에서 공부를 못하면 외국에 유학을 보내면 되기에 학교 공부는 개의치 않는다는 것이다.

압구정 사람들은 인간관계나 태도에 굉장히 예민하다는 것도 흥미로운 지점이었다. 서로에게 피해를 주지 않고 살려고 노력하고, 주민들끼리 격식을 차리는 분위기가 있으며 아이들에게도 인간관계와 태도를 중요하게 가르친다고 했다.

PART 3

어떻게 투자자는 상급지를 선점하는가?

한 단계씩 위로 올라가는

상급지 매수 타이밍

돌고 돌아 다시 찾아오는
부동산 사이클

2장에서 갈아탈 만한 상급지는 어디가 있으며 어떤 요건을 갖추고 있는지 등 입지 면을 살펴봤다면, 이제 본격적으로 '투자 타이밍'에 대해 자세히 살펴볼 차례다. 물론 입지와 타이밍 모두 중요하지만, 나는 매매 타이밍이야말로 돈을 버는 키$_{key}$라고 생각한다. 단적인 사례를 들어보겠다. 2017년 초, 지인 P 씨가 전세를 끼고 송파구 파크리오 33평형을 매수했다는 소식을 전했다. 당시 매매가는 9억 원 후반대에 전세가는 7억 원 중반대로 투자금은 2억 원 선이었기에 크게 무리가 되는 금액이 아니었다. 강남 3구에 깃발을 꽂았다는 소식에 모두가 기쁜 마음으로 축하해 주었다.

그리고 한창 상승장이 닥친 2021년 가을, 그 지인은 흥미로운 소식을 하나 더 전해줬다.

"회사 동료 중에 L 씨라고 있거든. 이번에 파크리오 매수했대."

그때 파크리오 33평형의 매매가는 20억 원 초중반대, 전세가는 10억 원대였다. 세금을 빼고 계산하더라도 족히 10억 원이 넘는 투자금이 들어간 것이다. 지금이야 다시 상승해 당시 가격을 회복했지만, 2022년부터 하락기가 시작되었기에 L 씨는 한동안 하락의 아픔과 걱정 때문에 뜬눈으로 밤을 지새워야 했을 것이다. 그에 비해 P 씨는 워낙 저렴한 가격에 매수한지라, 하락기가 와도 당연히 걱정 없이 느긋한 모습이었다.

이처럼 주변을 보면 누군가는 부동산 투자로 큰 부를 이루지만 다른 누군가는 부동산으로 상심하고 아픔을 겪는다. 심지어 똑같은 아파트를 샀는데도 말이다. 다른 세상, 다른 시간에 산 것도 아닌데 어떻게 그들만 돈을 벌 수 있었던 걸까? 그 무기는 무엇일까?

바로 '사이클'이다. 부동산은 상승과 하락을 반복하고, 그래서 언제나 '폭락론자'와 '폭등론자'가 공존한다. 그들은 각자 나름대로 시장의 시그널을 읽고 서로의 주장이 맞는다고 아우성을 한다. 물론 짧은 기간을 두고 봤을 때는 상승과 하락을 반복하지만 결국 부동산은 우상향 그래프를 그린다. 이는 부동산만이 아닌, 돈으로 환치할 수 있는 모든 자산의 공통점이다. 하지만 그럼에도 크고 작은

상승과 하락을 반복하면서 우상향하는 부동산 사이클

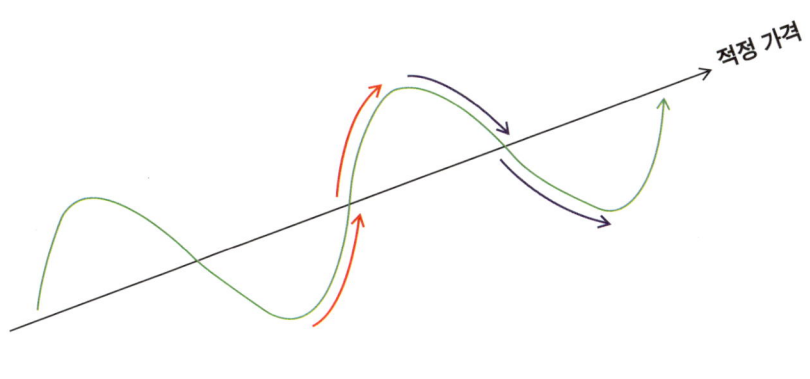

시그널을 빠르게 포착해 사이클을 잘 이용한다면 누군가가 1억 원을 벌 때 나는 5억 원을 벌고, 또 누군가가 돈을 잃을 때 나는 돈을 지킬 수 있다. 모두가 정속으로 달리는데 나는 추월차선을 타서 먼저 목적지에 도착할 수 있다면, 그보다 짜릿한 게 더 있을까? 그래서 부동산에서는 사이클을 이해하고, 이를 이용해 투자하는 것이 중요하다.

그렇다면 부동산의 한 사이클이란 정확히 무얼 말하는 걸까? 쉽게 말하면, '부동산 가격이 하락하기 시작해서 바닥을 찍고, 다시 회복해 상승하다가 활황이 되어 정점을 찍고 다시 서서히 침체의 길로 접어드는 과정'이 하나의 사이클이다. 이 사이클은 크게 하락기, 회복기, 상승기, 과열기 네 단계로 나눌 수 있는데, 각각의 시기마다 개별적인 특성이 있기에 시기마다 관심을 가져야 하는 투자 종목도 다르다. 부동산 사이클은 도시마다 미세하게 다르게 흐르기도 한다. 그래서 부동산 투자로 돈을 벌고 싶다면, 언제나 현재 상황에 관심을 갖고 냉철히 분석하면서 지금이 어떤 시기이며 어떤 사이클을 맞이하려 하는지를 알아차려야 한다.

물론 이는 굉장히 보편적인 이론이고, 모든 이론에는 항상 예외가 있다. 예를 들어 1998년 IMF 시기나 2020~2021년 코로나 시기, 그리고 2022년 금리 폭등과 같이 거시경제의 영향이 크게 닥칠 때다. 그런 경우에는 사이클과 관계없이 전국의 부동산 모두가 영향을 받기도 한다. 2020년 1월에 코로나가 터지면서 미국이 제로금리를 단행하고 우리나라도 금리를 크게 인하하자 전국의 부동산이 일제히 상승하기 시작했고 이는 2021년 가을까지 이어졌다. 반대로 2022년에는 국가가 짧은 기간 동안 금리를 가파르게 올리자 그 여파로 전국의 부동산이 갑자기 20~40% 가까이 하락했다.

이와 같은 예외적인 상황을 제외하면 부동산은 대체로 금리, 통화량, 수급의 논리로 상승과 하락을 만들어내며 사이클대로 흘러가곤 한다. 또 이처럼 거시경제의 영향으로 나타나는 급락 또는 급등은 어디까지나 단기간에 영향을 미치는 것이기에, 결국 어느 정도 시간이 흐르면 가격도 사이클에 따라 제자리를 찾아가게 되어 있다. 그러므로 우리는 '부동산 사이클'에 좀 더 초점을 맞춰서 타이밍이 언제인지를 노려야 한다.

1단계, 하락기
뛰어라! 경매장으로

부동산 가격이 가장 높은 고지를 점령하고 서서히 하산하기 시작하는 시기를 하락기라고 일컫는다. 서울은 2009~2013년이 이 시기에 해당한다. 이때는 거래가 크게 줄어들어 부동산에 매물이 쌓이고, 경매 시장에도 매물이 늘어나기 시작한다. 다만 하락기는 좀 더 면밀히 살펴볼 필요가 있는데, 하락이 찾아오는 원인에는 두 가지가 있기 때문이다.

첫째로 거시경제의 충격으로 인한 하락이다. 거시경제의 영향이 크게 닥칠 때는 단기간 안에 30% 이상의 큰 하락이 발생하지만 1~2년 안에 시세를 거의 회복하는 V자 그래프를 보인다. 1998년 외환위기 때 부동산 가격은 단기간에 40% 가까이 폭락했지만 이

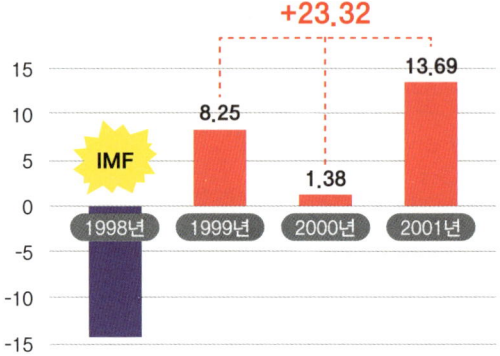

후 2년 안에 시세를 회복했고, 2008년 9월 리먼브라더스 사태 때도 30% 이상 급락했으나 그 후 반등하는 모습을 보였다. 사실 이 경우에는 인내심을 갖고 기다리면 제자리를 되찾기 때문에 크게 걱정할 필요는 없다.

둘째로 아파트의 대량 공급으로 인한 하락이다. 거시경제의 영향은 단기적인 폭락을 불러오지만, 아파트의 대량 공급은 느리게, 하지만 확실하게 하락을 가져온다. 아파트 공급물량이 꾸준히 쌓이며 대세 하락으로 진행되어 가기에 상당히 긴 시간 동안 하락장이 유지되는 것이다. 사실 앞의 사례보다 훨씬 무서운 하락이다. 이 시기에 부동산을 사는 사람들은 얼마나 간이 큰 걸까 싶기도 하다.

하지만 정말 돈을 벌고 싶다면, 사자의 심장을 가지고 이 시기에 어떻게 투자할지를 고민해야 한다. 하락기에는 부동산에 가서 일반적인 거래를 하면 시간이 지난 후 또 아파트 가격이 하락할 확률이 있기 때문에, 가격이 시세보다 매우 낮게 매겨지는 경매나 공매를 통해 최대한 저렴하게 매수하는 것이 현명하다.

2단계, 회복기
A급지 선점! 분양권 투자에 주목하라

회복기는 부동산이 서서히 상승하는 시기로, 이때까지는 아직 많은 사람이 상승의 기운을 눈치채지 못한다. 매매가는 약보합 혹은 약간 상승하는 수준이지만 전세가는 가파르게 오르는 모습을 보인다. 서울은 2014~2017년이 회복기에 해당했다. 회복기에는 매매가와 전세가의 차이가 크게 줄어 갭 투자가 유행하며, 아직 규제가 거의 없는 경우가 많아서 투자자들은 10% 계약금만 있어도 되는 분양권 투자를 많이 한다.

실제로 2016년 서울의 전세가율은 70%를 넘어섰고, 2017년 초에는 강남 3구조차도 일부 아파트 단지의 전세가율은 80%에 육박했

대전 둔산크로바 매매·전세가 그래프(출처: 호갱노노)

대전 목련 매매·전세가 그래프(출처: 호갱노노)

다. 그래서 이때는 전세를 끼고 강남 아파트를 매수하는 이들이 정말 많았다. 불과 8년 전만 해도 전세를 끼면 투자금 2억 5000만 원으로도 강남 아파트를 살 수 있었다니, 믿겨지는가?

수도권뿐만이 아니다. 대전의 경우 2016~2018년이 회복기였는데, 전세가율이 90%에 육박하자 투자자들은 대전의 학군 1번지인 둔산동의 둔산크로바, 목련, 한마루, 햇님 등의 단지를 사들였다. 매매가와 전세가에 거의 차이가 없어 단 2000~4000만 원의 소액으로도 갭 투자가 가능하던 시기였다. 이와 같은 상승 초기 구간에는 10%의 계약금으로 분양권을 사거나 갭 투자로 그 지역의 강남을 잡는 방법이 가장 수익률이 높고 안전하다고도 할 수 있다. 146페이지의 그래프에서도 확인할 수 있듯이, 대전의 강남인 둔산동은 상승기가 왔을 때 매매가가 거의 200% 가까이 상승하며 높은 수익을 안겨주었다.

3단계. 상승기
B급지와 C급지에 관심을 가져라

상승기는 아파트 가격이 본격적인 등산을 시작하는 시기다. 이 시기가 되면 많은 사람이 부동산 가격의 상승을 실감한다. 서울은 2017년부터 2019년까지가 여기에 해당되는데, 이 시기에는 서울 강남과 같은 A급지 가격이 가파르게 치고 나가면서 그 상승 흐름이 주변의 B급지, C급지로도 흘러간다. 예를 들면 강남 3구의 아파트 가격이 상승하면 강남 3구와 동쪽으로 인접한 강동구와 하남 미사가 오르고, 또 남쪽으로 인접한 과천과 분당이 오른다. 분당에 도달한 상승 흐름은 수지로, 죽전으로 퍼지고, 과천에 도달한 상승 흐름은 평촌으로, 의왕으로, 산본으로까지 넘어가는 걸 볼 수 있다. 이처럼 중심지에서 주변지로 가격 상승이 전파되는 시기가 상승기이며, 지방도 비슷한 흐름을 보인다.

대전은 서구 둔산동이 오르면 비슷한 시기에 유성구의 신축 아파트와 준신축 아파트까지 상승한다. 그다음은 중구이고, 마지막으로 동구와 대덕구가 오르는 걸 볼 수 있다. 부산도 선호하는 지역인 동부산의 해운대구, 수영구, 남구, 동래구 순서로 상승하기 시작하며 이는 진구, 연제구로 넘어가고 마지막에는 서부산의 북구까지도 그 흐름이 닿는다. 부산과 인접한 경남 양산까지 오르면 상승의 막바지에 다다랐다고 보면 된다.

이때 주목할 점은, 상승 흐름이 도시 경계도 넘어간다는 사실이다. 강남 3구에서 시작한 상승은 서울 전체로 퍼져 경기도로, 마지막에는 인천까지 오르는 패턴을 보인다. 지방도 마찬가지다. 부산의 흐름은 동부산, 서부산을 거쳐 양산이나 김해까지도 넘어간다. 그래서 상승기를 대비하기 위해서는 서로 영향을 주는 도시들을 묶어서 큰 권역으로 바라볼 필요가 있다.

하나 주의해야 할 점은, 흐름을 볼 때에는 도시 안에서도 급지를 나눠서 봐야 한다는 것이다. 공급물량의 영향권이 다르기 때문이다. 예를 들어 서울의 강남 3구와 마용성(마포구, 용산구, 성동구) 그리고 노도강(노원구, 도봉구, 강북구)과 같은 1급지, 2급지, 3급지는 각기 수요층과 가격대, 생활권이 다르기에, 대규모 공급이 있어도 권역이 다르면 영향을 받지 않는다. 예컨대 도봉구에 1만 세대가 입주한다고 해서 강남 3구나 마용성이 영향을 받지는 않는다. 주거 선호 기준도, 소득 수준도 달라서 대체재로 작용하지 않기 때문이다.

4단계, 과열기
트렌드를 조심하라

이 시기는 과장을 좀 보태면 모든 사람이 부동산에 눈이 먼 시기다. 중심지나 주변지뿐 아니라 그동안 소외되었던 외곽 지역, 심지어 다세대 빌라나 오피스텔 등 아파트가 아닌 상품까지도 상승한다. 이때는 지식산업센터 같은 비주거형 부동산까지 상승하는 모습을 보인다. 모든 이가 투자자의 마음이 되며, 그동안 시장에 뛰어들지 않았던 무주택자들까지도 부동산 시장에 등판한다. 부동산 가격이 더 오를까 하는 불안감 때문에 '이때가 아니면 집을 못 살지도 모른다'는 공포를 느껴 매수 행렬에 동참하는 것이다. 2020~2021년까지가 부동산 과열기에 해당했다.

아파트 가격이 상승하자 뒤를 이어 주상복합이 상승했고, 이후 주거 대체용 상품인 아파텔과 다세대 빌라까지 큰 폭으로 상승했다. 이 시기 투자자들은 아직 정비사업지로 지정되지도 않은, 재개발 극초기의 빌라와 원룸, 투룸 오피스텔에도 투자하기 시작한다. 뿐만 아니라 미술품 투자까지 인기를 끈다.

과열기에 가장 조심해야 할 것은 내 돈을 빼앗아가는 사기꾼들이다. 2021년 과열기에도 서울, 인천, 부산, 대전 등지에서 오래된 빌라 일대를 지도에 재개발 정비구역으로 그려놓고, 곧 정비사업이 진행될 것처럼 소문을 내는, 소위 '화가'로 불리는 집단이 등장해서 투자자들을 속이기도 했다. 이 밖에도 어수룩한 투자자들의 돈을 빼앗기 위한 부동산 사기가 판을 친다. 너도나도 부동산으로 돈을 벌었다고 소문이 나니 조급해질 수밖에 없는 시기인데, 그럴 때일수록 옥석을 가려내는 눈이 필요하다. 부동산 트렌드를 몰라서 부자가 되지 못한 사람은 없다. 그저 투자 타이밍과 방법을 몰랐을 뿐이다. 이 사실을 계속 상기하며, 조급함과 초조함에 잘못된 선택을 하지 않도록 주의해야 한다.

지금은 어떤 시기인가

그렇다면 2025년 하반기에 들어선 지금은 어떤 시기일까? 2024년과 2025년 상반기에 서울 강남과 같은 A급지가 올랐고, 마포구와 성동구 또한 급등했다. 2025년 여름 이후로 서울의 입주 물량이 점점 줄어들 것이고, 금리까지 인하될 전망이기에 전세가가 오를 확률이 높다. 또한 이재명 정부의 규제 정책을 보면, 서울을 중심으로 전세 매물은 점점 희소해지고 반전세 형태의 월세가 일반적인 주거 형태가 될 가능성이 높아 보인다. 그리고 매매와 전세 가격이 오르는 만큼 월세도 당연히 함께 오를 테니, 무주택자들의 거주 비용은 크게 늘어날 전망이다.

이런 점을 고려하면 사이클은 강남의 흐름이 주변으로 퍼져나가는 '상승기'로 넘어갈 것으로 보인다. 그렇게 서울은 상승기를 맞이한다면, 지방은 광역시를 필두로 하락에서 바닥을 찍고 올라가는 회복기에 들어설 가능성이 높다.

실제로 152~153페이지의 그래프를 보면 부산과 대구, 울산을 중심으로 착공과 인허가가 크게 감소해 말 그대로 '공급 전멸'인 상황이 도래하고 있다는 걸 확인할 수 있다. 머지않아 희소해진 집으로 인해 전세가가 상승하고, 전세가가 매매가를 밀어 올리는 상황이 발생할 것으로 보인다.

이미 울산의 경우 전월세 매물이 거의 없기에 세입자들은 어쩔

2020~2028년 울산광역시 기간별 수요/입주량
(출처: 부동산지인)

2020~2028년 대구광역시 기간별 수요/입주량
(출처: 부동산지인)

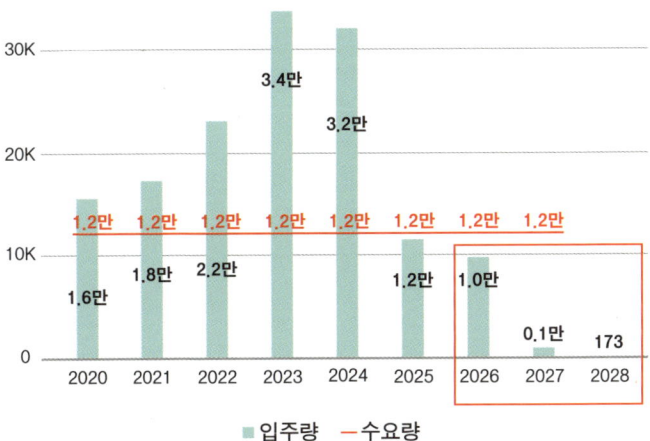

수 없이 매매를 선택하고, 이에 따라 야금야금 매매가가 오르는 추세다. 부산도 전세가가 빠르게 올라갈 조짐을 보이고 있다. 그러므로 지방 광역시에는 그 지역의 강남을 빠르게 선점하는 전략으로 접근해야 한다.

부동산은 결국 우상향하게 되어 있지만, 사이클을 알고 적절한 타이밍에 들어가느냐 아니냐는 자산의 향방을 크게 가른다. 똑같은 지역, 심지어 똑같은 아파트를 매수한다 해도 누군가는 회복기에 A급지를 선점해 큰 상승을 맛보며 웃고, 다른 누군가는 상승기에 부랴부랴 추격 매수를 했다가 곧바로 닥친 하락장으로 불안에 떤다. 그래서 일단 부동산 사이클을 아는 것이, 귀신같이 매수 타이밍을 잡기 위한 기초라고 할 수 있다.

상승장의 상투를 잡고
깨달은 것들

 사실 내게는 부동산 사이클의 중요성을 실감했던 뼈아픈 경험이 있다. 가슴 두근거렸던 첫 투자를 한 직후 하락기를 맞이했기 때문이다. 나의 첫 투자에 대해 이야기를 먼저 꺼내보려 한다.

 지방에서 태어나 지방에서 대학을 다닌 나는 취업을 통해 '서울살이'의 로망을 이뤘지만 사회생활은 그리 녹록치 않았다. 월급은 고작 190만 원, 그마저도 월세를 제하고 나면 남은 돈은 얼마 되지 않았다. 저축을 통해 암담한 시기를 벗어날 수 있으리라 생각한 나는 매달 월급의 70%가량을 저축하며 허리띠를 조였다. 그렇게 2년 동안 3000만 원을 모아 여자친구와 결혼을 준비했다.

 그때만 해도 나는 부동산에 크게 관심을 두지 않았다. 여자친구는 자신의 직장과 가까운 삼송지구 아파트의 미분양을 빚을 내서라도 잡자고 제안했지만, 당시 나는 대출은 사회악이라는 가치관을 갖고 있었기에 완강하게 거절했다. 2013년 당시에는 제대로 된 전세 매물을 찾기가 어려웠고 전세가와 매매가에 큰 차이가 없어서 사실 집을 매매하는 게 더 나았지만, 빚을 내지 않으면 내 주머니 사정으로 매매는 어림도 없었다. 결국 나는 부모님의 도움을 일부 받아 은평구 새절역 근처의 10평 남짓한 신축 빌라를 매수했다. 작긴 하지만 서울에 내 집이 생겼다는 사실만으로도 큰 안도감을 느끼며 두근거림을 안고 신혼집에 들어갔다. 그러나 나는 그 후 집 주변 불광천을 산책하며 수많은 생각을 해야 했다.

　작은 골목에 있는 우리 집은 주차장도 제대로 갖추지 못했고, 시장과 매우 가까워서 창문을 열면 매번 상인들의 소리와 각종 냄새가 집 안으로 흘러들어 왔다. 집 앞에는 걸핏하면 다 터진 음식물 쓰레기 봉지가 있었고, 야밤이면 집 앞에서 담배를 피우는 10대들의 수다 소리와 고양이 울음소리만 스산하게 들려왔다. 그러다 문득 '여기서 아이를 낳으면 대체 어떻게 키우지?'라는 생각이 들었다. 절로 막막함이 밀려왔다. 어서 이곳에서 벗어나야겠다는 다짐을 한 시점이었다.

내가 고른
탁월한 월세 투자의 요건

　재테크에 눈을 뜬 나는 짠테크 카페에 가입해 사람들이 종잣돈 모으는 법을 무작정 따라 했다. 절약을 유지하고, 통장 풍차 돌리기를 하며 지독하게 모은 돈은 어느새 1000만 원이, 또 어느새 4000만 원이 되어 있었다. 계좌에 찍힌 4000만 원이란 숫자를 보며 '이 돈을 어떻게 하면 빠르게 굴릴 수 있을까'를 고민하기 시작했다. 그렇게 입문한 게 부동산 투자였다.

　지금은 주로 시세 차익 투자를 하고 있지만, 당시는 월급이 너무 적다 보니 조금이라도 현금 흐름을 늘리고 싶다는 마음에 월세 투자에 관심을 가졌다. 하지만 수도권은 아직 내 종잣돈으로는 넘볼 수 없는 가격이었기에, 투자가 가능한 곳은 지방이었다. 나는 지방의 광역시나 청주, 천안 같은 중소도시를 후보군에 넣고 일단 '인구가 50만 명 이상이면서 서울에서 가기 편리한 지역'이 어디일지를 찾았다. 인구가 50만 명쯤 되면 직장과 대학이 있어 자취생들이 많을 것이고, 또 내가 편하게 오가며 관리하려면 서울 접근성이 좋아야 할 것 같다는 이유에서였다. 여기에 대학가나 산업단지를 갖춘 도시라는 조건도 더했다. 젊은 세대들은 직주근접을 중시하니, 대학가나 산업단지가 있어야 월세 수요도 많으리라 예측한 것이다.

이 조건을 통해 찾은 지역이 천안이었다. 당시 천안은 삼성전자와 같은 양질의 일자리가 있고 백석대, 순천향대, 나사렛대 등 대학교도 많았으며, 1호선 급행을 이용해 서울까지 출퇴근하는 수요도 있으니 월세 수요는 충분하리라고 생각했다. 지역을 고르고 나니 어떤 단지를 고를까 하는 고민이 또 시작되었다. 선택지를 좁히기 위해 나는 또 다른 기준을 세워야 했다.

먼저 산업단지나 대학교가 도보권에 있되 역세권인 곳을 찾았고, 대학생이나 사회초년생 대상인 월세 수요였기에 소형 평수인 단지를 찾았다. 아파트 주민들의 커뮤니티 형성이나 향후 매매가 잘 될지까지 고려하려면 500세대 이상이어야 했고, 노후화를 고려하면 2000년대 이후에 지어진 곳이길 바랐다. 마지막으로 수익률을 높이기 위해서는 시세가 1억 5000만 원 이하로 저렴한 곳이어야 했다.

사실 내가 보기에도 까다로워서, '이 조건을 만족하는 아파트가 과연 있을까?' 싶을 정도였지만 나는 마침내 찾아냈다. 2장에서도 잠시 언급한 적 있는 이곳은 천안 쌍용동에 위치한 월봉청솔2차 아파트였다. 그때만 해도 지금처럼 호갱노노나 아실 같은 앱이 없었기에, 오로지 내 손으로 네이버 부동산을 검색해 매물을 찾는 수밖에 없었다. 그래서 이 단지를 발견했을 때 정말 큰 희열을 느꼈던 것 같다.

천안 쌍용동 일대 지도

입지 좋은 아파트는
당연히 오른다?

월봉청솔2차는 입지적으로 내가 생각한 완벽한 단지였다. 월세 수요를 뒷받침해 줄 나사렛대학교가 바로 앞에 있으며 1호선 쌍용역을 도보로 7분이면 갈 수 있었다. 여기에 10분 거리에 대형마트까지 준비되어 있으니 금상첨화였다. '첫 투자에 이런 물건을 찾다니!' 나는 역시 부동산에 소질이 있다며 혼자 흐뭇해했다.

2014년 8월, 매매 계약을 하기 위해 천안을 다시 찾았다. 매매 계약서를 쓰는 날이면 보통 매도인과 매수인, 부동산 소장님 사이에 기분 좋은 덕담이 오간다. 한두 마디 덕담을 나누다가 매도 이유를 여쭈었더니, 매도인은 서울에 집을 사려고 이 집을 판다고 했다. 그러던 중 부동산 벽면에 붙어 있는 지도가 눈에 띄었다. '불당신도시'라고 쓰인 부분을 가리키며 소장님께 저기에 뭐가 들어오냐고 묻자 소장님은 이렇게 대답했다.

"내년에 저기 신도시 하나 들어와요. 거기 입주 시작하면 여기 쌍용동도 많이 좋아질 거야."

그렇게 아름다운 대화를 마쳤다. 나의 매수가는 1억 4000만 원이었고, 이 중 70%는 주택담보대출을 받아 보증금 500만 원, 월세 50만 원에 첫 월세를 내놓았다. 다행히 세입자는 금방 구해졌다. 1억 원 대출에 대한 원리금을 제외해도 매달 26만 원이라는 현금 흐름이 생겼다. 세상을 다 가진 기분이었다. 그러나 단꿈도 잠시였다. 12월, 세입자로부터 언짢은 듯한 목소리로 전화가 온 것이다.

"선생님, 여기 현관이랑 큰 방이랑 작은 방에 곰팡이가 잔뜩 있는데 이거 어떻게 할까요?"

세입자에게서 받은 집 사진은 그야말로 곰팡이 지옥이었다. 누가 곰팡이를 발라놓기라도 한 듯 현관이고 방이고 모두 곰팡이로 도배가 되어 있었다. 결국 곰팡이 전문 시공 업체에 맡겨서 수리해야 했고, 무려 나의 4달치 월세 수익에 해당하는 100만 원이 들어갔다. 복도식 아파트에다가 중간이 아닌 끝에 위치한 집, 동향. 곰곰이 생각하니 모든 조건이 곰팡이가 이사 오기 딱 알맞았다(그 후부터 집을 보러 갈 때는 남향, 중간 집, 복도식보다는 계단식을 고르는 습관이 생겼다).

그렇게 2014년을 보내며 '2015년에는 반드시 경제적 자유를 이뤄보리라' 다짐했지만 그 역시도 헛된 꿈이었다. 천안에 갑자기 매물이 급격히 늘며 매매가가 떨어지기 시작한 것이다. 청천벽력 같은 파란색 표시에 그날로 기차를 예매하고 천안으로 달려갔다. 어떻게 된 일이냐 묻자, 화장실 들어갈 때와 나올 때가 다르다더니 부동산 소장님은 집을 매수했을 때와는 영 딴판인 말을 하셨다.

"이 동네 연식이 오래돼서 매력이 없잖아요. 그러니까 다들 불당 신도시로 이사를 떠나는 거지."

내가 집을 살 때만 하더라도 불당신도시가 들어오면 이곳이 좋아질 것이라고 호언장담을 하셨는데 말이다. 투자 첫해부터 나는 그렇게 지옥 같은 하락장을 경험하기 시작했다. 점점 늘어나는 전세와 매매 매물, 내려가는 가격과 거래가 안 돼 쌓여가는 물건들…….

하나둘 분석을 하고 보니 2015년은 천안과 아산 지역의 신도시 아파트 공급이 본격화되는 시기였다. 새 아파트의 대규모 입주는

2013~2024년 천안시 수요/입주 그래프(출처: 부동산지인)

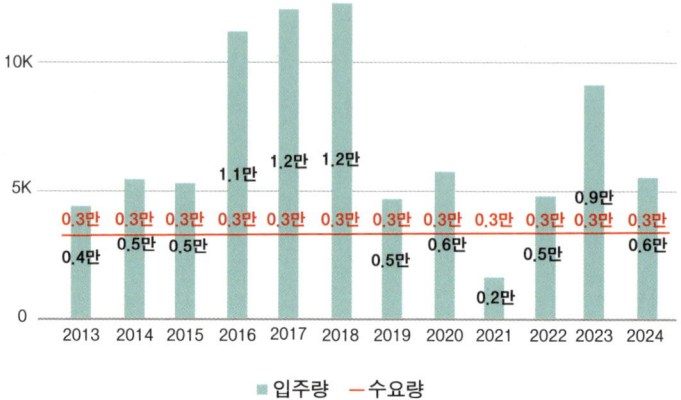

2014~2019년 월봉청솔2차 매매/전세 가격 그래프(출처: 아실)

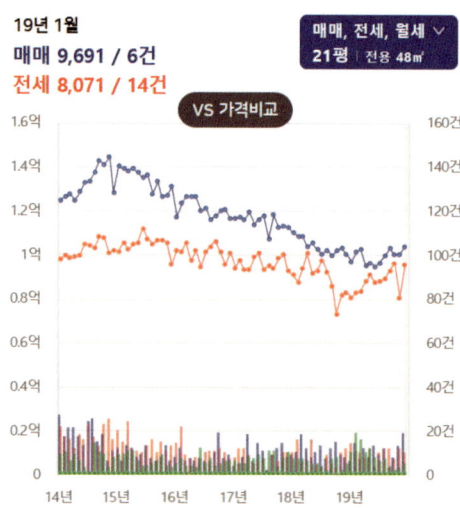

주변의 구도심에 악재로 작용해 쌍용동 일대의 부동산 가격이 내려간 것이다. 실제로 162페이지의 천안시의 수요/입주 그래프를 보면 2013년부터 서서히 늘던 입주 물량이 2016~2018년 폭발적으로 늘었는데, 이 시기에 월봉청솔2차의 가격도 매매가와 전세가 모두 하락하는 모습을 확인할 수 있다. 시간이 지나 2019년, 매매가는 1억 원 미만으로까지 떨어졌다. 그렇다. 앞에서 말한 하락기의 두 가지 유형 중 두 번째, '아파트의 대량 공급으로 인한 하락'에 걸려 들은 것이다. 무섭고도 기나긴 하락이었다.

나는 이때 부동산도 결국 수요공급의 원리를 따른다는 사실을 깊이 깨달았다. 경제적 원리가 그러하듯 집이라는 물건 역시도 공급이 크게 늘면 가격은 어김없이 내려가는 것이었다. 그렇게 나의 쓰디쓴 첫 투자에서 깨달은 가장 큰 교훈은, 시장의 흐름 앞에서는 입지가 전부가 되지는 못한다는 사실이다. 불현듯 매매 계약 때 했던 매도인의 말이 떠올랐다. '천안 집을 팔고 서울로 집을 사러 간다'는. 그때 투자자들은 지방을 팔고 서울로 올라오고 있었는데, 나는 서울에 살면서도 지방으로 내려가고 있었다. 돌아보니 내가 매수한 시점 천안은 사이클의 정점을 찍고 내려오기 직전이었고, 서울은 바닥을 찍고 이제 막 올라가려는 시점이었다. 그런데 사이클을 전혀 읽지 못하고 투자를 했으니, 이런 낭패를 본 것이다.

낄 때 끼고 빠질 때 빠지는
기적의 타이밍

주식투자 격언을 보면 '무릎에 사서 어깨에서 팔아라'라는 말이 있다. 사실 부동산 사이클을 알아야 하는 것도, 마찬가지로 부동산을 무릎에 사서 어깨에 팔기 위함이다. 좋은 입지의 상품을 저렴하게 매수할 수 있다면 그건 아마 불패의 투자법일 것이다. 단지 문제는 대체 언제가 무릎인지 모른다는 것이다.

오죽하면 점 보러 다니기를 좋아하는 한 지인은 아파트 매수나 매도를 결정해야 할 때 유명한 도사님들을 찾아간다고 했다. 그런 이야기를 듣다 보면 '타이밍은 정말 신들만 아는 영역 아닌가' 하는 생각이 들 정도다. 하지만 '부동산 가격이 싸다'는 기준을 알면 언제가 무릎이고 언제가 어깨인지, 최소한 지금이 사야 할 타이밍인지 아닌지 정도는 알 수 있지 않을까? 일단 부동산 가격을 판단하는 기준에 대해 한번 살펴보자.

부동산의
'절대적으로 싼 가격'이란

부동산 가격은 '절대적으로 싼 가격'과 '상대적으로 싼 가격'으로 나눌 수 있다. 전자는 말 그대로 가격 자체가 저렴해서 누가 봐도 싼 가격을 말한다. 서울은 2014년부터 2017년 초까지 누가 봐도 싼 가격이었다. 특히 2015년은 서울이 하락장에서 막 벗어났던 시기로 전세가율 80%를 찍은 아파트가 즐비했다. 예컨대 서울 강서구의 가양강나루1차현대 32평형은 매매가가 4억 원 중반대인데 전세가는 4억 원이었다. 전세를 끼면 1억 원도 되지 않는 금액으로 9호선 역세권 32평 아파트를 매수할 수 있었던 것이다. 집을 빌리는 가격이 4억 원이고 집을 사는 가격이 4억 6000만 원이면, 누가 봐도 '사는 쪽'이 더 저렴하지 않은가?

유명한 학군지인 양천구 목동의 신시가지11단지 또한 21평형이 4억 원이 채 되지 않았고, 송파구의 잠실엘스 또한 33평형 기준으로 9억 원 내외였다. 잠실엘스는 2008년 준공되어, 당시 기준으로 입주한 지 채 10년이 되지 않은 준신축이자 송파구의 랜드마크라고 할 만한 대장아파트였는데도 말이다. 2015년 서울의 PIR(연 소득 대비 주택가격 비율)은 7.6에서 8.5 사이로, 이는 쉽게 말해 7~8년치의 소득을 모두 모으면 평균 수준의 주택 한 채를 살 수 있다는 뜻이다. 지금 PIR이 11을 가뿐히 넘는 걸 생각하면 분명 이때는 절대적인 가격이 저렴했다고 할 수 있다. 이 당시 대구 수성구의 범어SK뷰 33평형이 약 7억 원대였던 걸 생각하면, 서울이 얼마나 저평가되었는지 알 수 있다. 절대적으로 싼 가격은 지방에도 존재한다. 대전 부동산은 2016~2017년에 매우 저렴했는데, 대전의 강남으로 불리는 서구 둔산동 일대의 30평대 아파트 단지들은 이 시기 보통 2~3억 원대였다. 분석할 필요도 없이 저렴했다는 걸 알 수 있다.

그러나 이런 절호의 기회에, 서울 사람들 대부분은 집을 사는 게 아주 위험하다고 생각했다. 부동산으로 돈 버는 시기는 이제 끝났다며 다들 고개를 저었고, 지방은 이보다도 심각해서 대전 부동산에 방문하면 소장님은 대전 사람들은 '이제 지방 집값은 떨어질 일만 남았다'고 생각한다는 말씀을 전해주셨다. 그 지역의 강남이 2~3억 원대였는데도 말이다! 그 누구도 부동산을 쳐다보지 않아서 시장에는 한기만 가득했다. 지금 돌아보면 이때가 부동산이 가장 저평가되었던 시기, 즉 기회였던 것이다. 물론 아무리 싸도 주의해야 할 점은 있다. 수요가 많은 도시이거나 교통, 학군 등을 봤을 때 입지가 탄탄한 동네여야 싼 가격에도 의미가 있는 법이니, 싸다고 무작정 투자해서는 안 된다는 걸 항상 염두에 둬야 한다.

저평가 도시를 알고 싶다면 '비교군'을 먼저 찾아라

하지만 현실적으로 저 시기와 같은 '절대적으로 싼 가격'이 다시 찾아오기는 요원해 보인다. 언젠가 절대적으로 싼 가격이 와서 내가 모은 현금으로도 상급지의 아파트를 낚아챌 수 있다면 가장 좋겠지만, 일단 현실적인 투자를 위해 '상대적으로 싼 가격'을 알아보는 법을 배워보자.

나는 비슷한 인구의 도시들을 서로 비교하면서 상대적으로 저평가된 곳을 찾곤 한다. 이때 핵심은 '인구'와 '산업 현황'이 비슷한 도시를 잘 선정하는 데 있다. 얼마나 비슷한 도시를 선정해 비교했는지가 예측의 정확도를 판별한다. 예를 들어 울산에 관심이 있다면, 먼저 울산의 부동산 가격이 상대적으로 높은지 낮은지를 평가

30만 명 이상 광역·지방자치단체 인구수(출처: 행정안전부)

서울	9,325,616	안산	615,689
부산	3,252,830	평택	602,442
인천	3,039,450	안양	563,546
대구	2,357,052	김해	532,477
대전	1,439,764	파주	519,010
광주광역시	1,399,082	시흥	515,106
수원	1,191,063	포항	489,898
울산	1,093,665	제주(시)	486,084
용인	1,091,797	김포	485,070
고양	1,063,175	의정부	461,706
창원	994,887	구미	403,974
화성	979,683	경기도 광주	397,310
성남	909,210	세종	392,223
청주	855,340	원주	362,405
부천	763,599	양산	360,300
남양주	730,245	아산	357,122
천안	661,967	진주	337,529
전주	630,274	하남	328,214

해 봐야 할 것이다. 그렇다면 울산과 비슷한 도시는 어디일까?

위의 표를 확인하면 울산의 인구는 109만 명이다. 10만 명 내외 차이로 비슷한 인구수를 가진 도시는 경기도 수원과 용인, 고양, 경상남도 창원이 있다. 창원은 인구수가 비슷할뿐더러 수도권이 아닌 지방이라는 공통점이 있다. 그럼 창원을 더 뜯어보는 것이다. 두 도시의 주력 산업은 둘 다 중공업과 조선업으로, 비슷한 일자리가 많다. 인구수와 비수도권이란 위치, 주력 산업이라는 공통점까지, 울산과 창원은 이 정도면 꽤 비슷하다고 할 수 있다.

이렇게 비슷한 두 도시를 선정했다면 다음으로 각 지역의 대장아파트 가격을 확인한다. 울산의 대장아파트는 문수로2차아이파크1단지이고 창원의 대장아파트는 창원용지아이파크인데, 둘 다 34평형 기준 9억 원 중후반 정도의 시세를 보인다. 이처럼 울산과 창원은 항상 엎치락뒤치락하며 시세가 비슷하게 유지되는데, 도시 규모와 주력 산업이 비슷하기 때문이다. 즉, 울산이 먼저 치고 나가면 창원도 머지않아 상승하리라 예상해도 된다. 이 사실을 알고 있으면 '상대적으로 저렴한' 창원을 매수해 상승 흐름이 오기를 기다리는 전략을 쓸 수 있다.

또 다른 예는 평택과 천안, 청주다. 각각 인구수는 60만, 66만, 85만 명으로 평택과 천안의 인구수는 비슷한 수준이며 청주와의 차이도 크지는 않다. 또한 이 세 도시는 모두 반도체 산업을 기반으로 한다는 공통점이 있다. 평택과 천안은 삼성전자가 자리해 있으며 청주에도 SK하이닉스가 있어 세 도시 모두 탄탄한 일자리가 보장되는 곳이다. 이 정도면 충분히 비슷한 도시로, 같은 선상에 놓고 비교해 볼 수 있는 수준이다.

사이클을 알면
반드시 기회를 잡는다

 나는 수도권, 전라도, 경상도 가리지 않고 투자를 한 편이다. 처음부터 '골고루 투자해야겠다'고 결심한 건 아니지만 자연스럽게 전국구 포트폴리오가 만들어졌다. 첫 투자에서의 장렬한 실패로 그다음부터는 언제나 사이클과 타이밍을 염두에 둔 채 투자를 했더니 이런 결과가 나온 것이다. 도시마다 사이클이 다르게 흐르기에 어딘가에는 타이밍이 있다. 나 역시 모두가 외면하던 지역이지만 절묘한 타이밍에 들어감으로써 수익을 낸, 뿌듯한 경험이 있다.
 2018년 6월, 수도권은 불장에 들어섰다. 서울, 경기도 할 것 없이 부동산 가격이 상승하자 정부는 9·13 대책을 발표했다. 양도세를 건드렸던 8·2 대책에 이어 본격적인 규제의 시작이었다. 9·13 대책으로 다주택자의 전세대출에 제동이 걸린 데다가 송파구에 1만 세대의 메가 단지인 헬리오시티까지 입주하며 규제의 영향은 한층 거세졌다. 수도권에서는 매매가와 전세가 모두 전반적으로 상승이 멈추었으며, 부동산 시장이 조정장으로 돌아선 것이다.

소나기는 일단 피하고 보자

투자자들은 이때 엇갈린 방향을 보이기 시작했다. 상당수는 여전히 수도권을 주요 투자처로 여기며 규제를 빗겨갈 곳이 없는지를 살폈고, 일부는 지방으로 눈을 돌리기 시작했다. 나는 후자에 해당되었다. 폭우가 쏟아질 때는 잠시라도 실내에 머물며 빗줄기가 약해지기를 기다리지 않는가. 굳이 거센 규제를 온몸으로 받아내면서까지 수도권에 투자할 이유는 없다는 판단이었다.

2019년, 대한민국 전체를 두고 많은 고민을 한 끝에 찾은 기회의 땅은 충북 청주였다. 청주라는 도시가 가진 많은 매력 때문이었다. 먼저 청주는 충북에서 가장 큰 85만 인구의 도시이며 SK하이닉스 같은 대기업들이 있어 고소득자가 많다. 또 당시 청주는 세종에 집중된 입주 물량의 영향으로 수년간 집값이 하락하고 있었다. 이는 내가 보기엔 기회였다. 당시 청주는 공급물량을 조금씩 소진하고 있었고, 전세가와 매매가가 더 이상 하락하지 않고 있으며 전세가율도 90%에 근접해 전세가와 매매가가 비슷해진 상태였다.

그렇지만 그때 청주는 누구의 관심을 받을 만큼 매력적인 투자처가 아니었다. 2017년에 이미 많은 투자자가 500만 원, 1000만 원의 소액으로 청주를 쓸어 담았으나 2년이 지난 후에도 집값에는 변화가 없었기 때문이다. 내가 청주에 간 건 2019년 여름이었는데, 오죽하면 부동산 소장님마저도 '2년 전에 투자자들이 버스 타고 와서 투자하길래 나도 같이 여러 개 매수했는데, 투자자들도 많이들 손절하고 나도 집을 내놓고 있다'며 씁쓸하게 말씀하실 정도였다.

그럼에도 나는 여전히 청주에 매력을 느꼈다. 청주는 주변 도시인 대전과 세종에 영향을 받는데, 세종에 공급 과잉이 이뤄지며 대전과 청주의 수요를 모조리 흡수한 탓에 청주의 집값이 끝없이 하락했던 것이다. 이제는 전세가도, 매매가도 더 이상 떨어지지 않는 가격 구간에 도달해 있었다. 그리고 2017년 이후 2년이란 시간 동안 대전과 세종의 집값은 상당히 상승한 반면 청주의 집값은 변화가 없었을뿐더러 오히려 떨어진 곳도 상당수였다. 이런 주변 도시들을 보며 이제는 청주도 집값이 상승할 때가 되었으니 지금이야말

세종특별자치시가 수요를 흡수하는 주변 지역

로 청주의 A급지를 선점할 기회라는 느낌이 왔다. 즉, 이제는 '회복기' 사이클을 맞이할 때라고 추측한 것이다.

빠르게 선점한 A급지는
반드시 수익으로 돌아온다

그래서 내가 향한 곳은 청주의 A급지인 흥덕구였다. 흥덕구 중에서도 복대동과 가경동이 학군 수요 덕분에 인기가 가장 높은데, 나는 가경동 가로수마을에 집중했다. 대부분 2008년 준공되어 2019년 기준으로 연식이 그리 오래되지 않았고, 괜찮은 학군의 초등학교와 중학교를 도보권에 갖추고 있는 데다가 근처에 학원가가 있어 교육 여건도 좋았다. 자녀를 둔 가정이라면 꾸준히 선호할 지역이었다. 무엇보다도 교통 여건이 가장 마음에 들었다. 청주에서 KTX를 이용하려면 오송역을 이용해야 하는데 이곳은 도심과 거리가 멀다. 가경동은 오송역과는 다소 거리가 있지만 시외터미널과 고속터미널이 도보권에 있어 시외 이동이 편리하다는 장점이 있었다. 홍골지구가 계속 개발되며 분양하는 신축 아파트들이 가경동의 가격 상단을 높여주고 있다는 점도 마음에 들었다.

 청주의 집값이 제자리인 것은, 실거주자들이 다들 세종으로 이사를 가는 분위기였기 때문이다. 청주에 계속 사는 사람들조차도 이제 청주의 집값은 더 이상 오르지 않을 것이니 다소 가격이 높더라도 전세를 살아야 한다고 고집하시는 분들이 많았다. 하지만 나는 세종과 청주는 생활권이 비슷하므로, 세종의 집값이 어느 정도 오르면 청주도 따라 오를 것이라고 예측했다. 또한 세종의 많은 공급 물량에도 불구하고 청주의 전세가율은 매우 높은 수준이었기에 청주에도 충분히 상승 여력이 있다고 봤다. 애초에 청주에 살겠다는

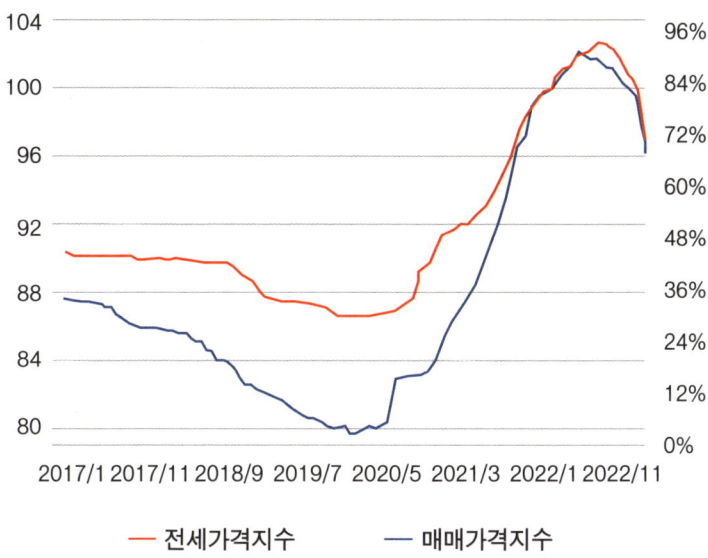

2017~2022년 청주 흥덕구의 매매가격지수
(출처: 아실)

— 전세가격지수   — 매매가격지수

수요가 적다면 전세가도 낮지 않겠는가.

  나는 가경동의 가로수마을호반베르디움 34평을 매수했다. 매물이 많이 나와 있던지라 2억 8000만 원에 나온 물건을 1500만 원 깎아서 2억 6500만 원에 살 수 있었다. 이미 전세 2억 5000만 원을 끼고 있는 물건이었기에, 세금이나 부대비용을 제하면 실질적으로 들어간 투자금은 단돈 1500만 원이었다. 1500만 원이란 소액으로 청주의 A급지 34평 아파트를 마련한 것이다! 이후 청주는 2020년

3월 방사광가속기 일자리 호재 등으로 본격적으로 상승했으며, 나는 전국적으로 분위기가 암울했던 2022년 7월, 1억 4000만 원의 시세 차익을 거두고 이 집을 4억 500만 원에 매도하는 데 성공했다. 세금을 제하고 생각하면 900% 이상의 수익을 본 것이다.

모든 재화가 수급의 원칙에 따라 움직이는 건 맞지만, 공급물량이 많다고 해서 가격이 끊임없이 하락하지는 않는다. 공급 과잉이 만드는 하락이 어느 정도 지속되면 사람들은 버티기 시작하고, 그 뒤로는 물량이 많아도 쉽게 더 떨어지기 힘든 지점이 발생한다. 그렇다, 거기가 바로 바닥이다. 바닥을 찍고 나면 국면은 점차 회복기 사이클로 전환된다.

쉽게 말하면 32평에 3억 원대 후반이던 준신축 아파트가 공급물량 때문에 2억 원 중반대까지 떨어졌는데, 더 떨어져서 2억 원이 되기는 어렵다는 의미다. 그래서 우리는 여러 데이터를 기반으로 분석하고 살피면서 기회를 잡아야 한다. 기회가 없는 것이 아니다. 타이밍을 찾지 못했을 뿐이다! 과연 지금 어디에 기회가 있을지, 어디가 매수할 타이밍인지 면밀히 살펴보자. 대한민국에는 30만 명 이상이 사는 도시만 해도 36개나 있다. 어디에든 타이밍이 있지 않겠는가.

투자의 바람은
정해진 방향대로 분다

부동산 시장을 보다 보면 부동산은 마치 계절처럼 일정한 흐름대로 움직인다는 걸 느낀다. 봄이면 꽃이 피고 여름에는 잎이 무성해지듯 시장은 언제나 같은 패턴으로 움직이지, 결코 무작위로 움직이지 않는다. 늘 먼저 민감하게 상승에 반응하는 지역이 있고, 그다음으로 이어지는 지역이 있다. 이는 우연이 아니라, 오랜 시간 자금과 심리의 이동이 반복되며 만들어진 결과다. 그래서 늘 '먼저 바람이 부는 곳'을 살펴야 한다. 어디서인가 시작된 소수의 거래가 인근으로 퍼지고 그 바람은 도시 전체로, 또 전국으로 번진다. 얼핏 아무 의미 없어 보이는 움찔거림이 사실은 시장의 방향을 바꾸는 신호일 수 있는 것이다.

서울의 바로미터, 잠실에 주목하라

서울에서 가장 주목해야 하는 '흐름의 선구자'가 있다면 단연 잠실이다. 상승이든 하락이든 잠실은 언제나 서울의 바로미터 역할을 한다. 왜일까? 일단 잠실은 강북과 강남을 연결하는 브릿지 역할을 한다. 지역적으로 강북에서 강남으로 진입하는 초입이며, 가격적으로도 강남 3구 중에서 가장 진입 장벽이 낮아 마포구나 성동구 등 강남 3구 밖에서 호시탐탐 갈아타기를 노리는 지역이기도 하다.

또 잠실을 대표하는 랜드마크인 잠실엘스와 잠실리센츠는 둘 다 국민 평형인 32~33평 중심이며 각각 5000세대가 넘는 대단지 아파트이고, 이 밖에도 잠실트리지움(3696세대), 잠실주공5단지(3930세대), 레이크팰리스(2678세대), 장미1차(2100세대), 잠실파크리오(6864세대) 등 잠실의 아파트는 대체로 대단지여서 바로미터로 삼을 만큼 표본이 많다. 또한 대기업에 근무하는 맞벌이 부부가 부모의 도움 없이 갈 수 있는 현실적인 선택지라는 점에서도 잠실은 여러모로 지표로 삼기에 좋다.

그래서 잠잠하던 거래가 잠실에서 갑자기 터지기 시작하면 이는 상승장의 서막을 알리는 신호일 때가 많다. 잠실이 움직이기 시작하면 곧바로 강남구와 서초구가 반응하고, 강남 3구 전체가 활기를 띠게 된다. 그다음에는 자연스럽게 마용성으로 흐름이 전이되고, 3~4개월 시차를 두고 노도강으로 상승세가 퍼진다. 그리고 이 시점이 되면 뉴스에서 '과열된 서울', '가계대출 급증'과 같은 기사가 쏟아지고 시장에는 다시 규제의 그림자가 드리우곤 했다.

2022년 6월부터 시작된 서울의 하락장은 6개월간 빠르게 아래로 내리꽂으며 큰 하락을 만들었다. 이 시기 잠실엘스와 잠실리센츠는 약 24%(약 5~6억 원) 가까이 하락했다. 그러다가 12월에 하락이 멈추며 변곡점이 발생했는데, 그 출발점도 잠실이었다. 당시 잠실엘스와 잠실리센츠 33평형이 19억 원 중반대에서 거래되기 시작하며 시장은 '바닥을 찍었다'는 신호를 보내기 시작했다.

180페이지의 잠실리센츠 거래량 표를 보면 2022년 말부터 거래량이 갑자기 늘면서 2023년 2월 이후로는 가격도 서서히 상승하는 모습을 볼 수 있다. 이때를 기점으로 바닥을 찍었던 서울의 주택가격심리지수도 상승하기 시작했다. 강북은 여전히 거래가 되지 않는 냉기 가득한 시기였으나, 강남 3구는 잠실을 기점으로 조금씩 얼음이 녹고 있었다. 비슷한 흐름은 2024년 12월에도 나타났다. 크리스마스를 전후로 거래가 다시 살아났고, 잠실과 헬리오시티에서 거래가 재개되며 2025년 초 강남 3구 전역이 활기를 띤 것이다.

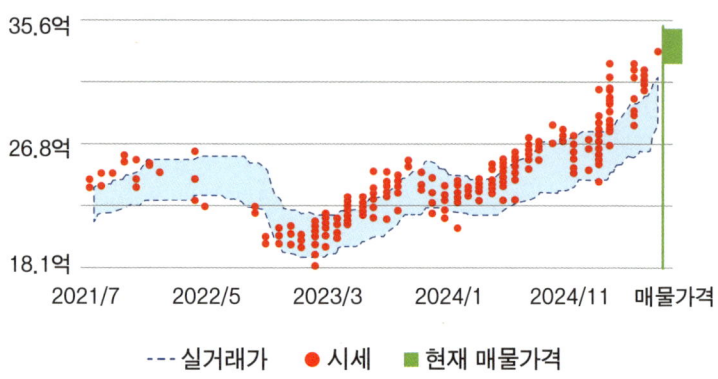

각 지역의
'시그널 지역'을 주목하라

어느 지역이든 이렇게 가장 먼저 반등하고 그로부터 흐름이 퍼져 나가는 곳이 있는데, 나는 그런 곳을 '시그널 지역'이라 부른다. 서울의 시그널 지역이 잠실이라면 경기도의 시그널 지역은 과천이다. 과천이 오르면 그 흐름은 분당, 수지, 그리고 평촌과 산본으로 확산되며 경기도 전체가 상승세로 전환되는 경향이 있다. 물이 위에서 아래로 흐르듯, 부동산 시장의 유동성도 상급지에서 하급지로 점차 흘러가는 것이다. 그래서 지금 어디가 들썩이고 있는지를 보면 다음 흐름이 어디로 이어질지를 충분히 예상해 볼 수 있다.

182페이지의 표에서 2025년 2월 둘째 주부터 과천이 상승으로 전환되자 약 한 달 정도의 기간을 두고 분당이, 또 그다음으로는 수지가 상승으로 전환되는 것을 확인할 수 있다. 과천의 '움찔거림'을 주의 깊게 살펴야 하는 이유다. 권역을 더 크게 보면 수도권에서는 서울이 가장 먼저 상승의 신호탄을 쏘아 올린다. 그중에서도 강남 3구에서 시작된 흐름은 경기 남부-북부-인천의 순서로 이어진다. 이 흐름이 노도강까지 닿으면 서울의 상승은 어느 정도 마무리가 되기에, '노도강이 폭등하는 중'이라는 뉴스가 나온다면 서울은 이

경기도 일부 지역 아파트 매매가격증감률
(출처: KB부동산)

구분	경기도	과천시	성남시 분당구	용인시 수지구	성남시 수정구	하남시	광명시	안양시 동안구
2025-01-06	-0.05	0.03	0.02	0.02	0.00	0.01	-0.01	-0.01
2025-01-13	-0.06	0.16	0.03	0.00	0.00	0.01	-0.07	-0.05
2025-01-20	-0.06	0.12	0.05	-0.01	0.01	0.00	-0.10	-0.01
2025-02-03	-0.05	0.17	0.01	0.02	0.00	0.03	-0.05	0.00
2025-02-10	-0.02	0.25	0.12	0.02	0.05	0.03	0.00	0.00
2025-02-17	-0.03	0.57	0.02	-0.04	0.02	0.05	-0.01	-0.02
2025-02-24	-0.04	0.19	0.05	0.02	0.00	0.07	-0.07	0.00
2025-03-03	-0.01	0.49	0.06	0.05	0.11	0.10	-0.02	0.01
2025-03-10	-0.01	0.76	0.12	0.00	0.15	0.09	-0.02	0.04
2025-03-17	-0.01	0.51	0.21	0.09	0.08	0.09	-0.03	0.06
2025-03-24	-0.02	0.34	0.18	0.04	0.09	0.04	-0.02	0.07
2025-03-31	-0.01	0.58	0.17	0.07	0.08	0.03	-0.03	0.04
2025-04-07	0.00	0.74	0.14	0.04	0.07	0.06	-0.06	0.06
2025-04-14	-0.01	0.35	0.15	0.08	0.04	0.05	-0.03	0.07
2025-04-21	-0.01	0.60	0.18	0.07	0.00	0.01	-0.11	0.05
2025-04-28	0.00	0.01	0.16	0.05	0.11	0.03	0.01	0.07
2025-05-05	0.00	0.66	0.08	0.06	0.00	0.05	0.02	0.03
2025-05-12	0.00	0.22	0.21	0.11	0.10	0.03	-0.02	0.14
2025-05-19	-0.01	0.48	0.26	0.16	0.03	0.07	0.08	0.09
2025-05-26	0.01	0.43	0.30	0.08	0.11	0.04	-0.04	0.20
2025-06-02	0.02	0.32	0.30	0.12	0.04	0.11	0.01	0.22
2025-06-09	0.03	0.78	0.57	0.16	0.11	0.13	-0.01	0.20
2025-06-16	0.06	0.54	0.71	0.22	0.18	0.16	0.25	0.24
2025-06-23	0.09	1.36	0.87	0.38	0.19	0.21	0.23	0.40
2025-06-30	0.06	0.92	0.40	0.42	0.29	0.14	0.27	0.36
2025-07-07	0.04	0.73	0.26	0.30	0.28	0.18	0.08	0.28

가격이 꼭지를 찍은 시점이었다. 이렇게 전문가와 대중이 모두 의견이 일치할 때는 한 번쯤 의심해 볼 필요가 있다. '혹시 반대로 가진 않을까?' 상승이든 하락이든, 모두 같은 방향을 바라볼 때가 가장 위험하다.

다세대 빌라와 오피스텔 투자가 유행한다

다세대 빌라에는 보통 두 종류의 수요가 있다. 첫째로는 아파트 대체재로서의 수요다. 아파트 가격이 너무 올라 아파트를 매수하기 부담스러운 사람들이 빌라를 매수하고자 한다. 2018~2019년 서울 아파트가 급격히 상승하자 2020년부터 다세대 빌라도 본격적으로 오르기 시작했다.

둘째로는 재개발 입주권을 노리는 수요다. 2020년 서울 아파트 가격이 상승하자 투자자들 사이에서 대지지분이 높으며 노후도가 충족된 동네들 위주로 재개발 투자 붐이 일었다. 그러자 2021년에는 아직 정비구역으로 지정조차 되지 않은 재개발 극 초기 빌라들까지 매수에 불이 붙기 시작했다. 이 현상은 처음에는 서울에만 나타났지만 시간이 지나며 인천, 부산, 대전까지 크게 번졌다. 특히 법인들이 단기간에 투자한 뒤 이를 개인 투자자들에게 매도하는 식의 투자가 무분별하게 진행되었는데, 결국 마지막에 진입한 투자자들은 빠져나오지 못했다.

또 원룸, 투룸 오피스텔에 대한 수요도 많아진다. 보통 아파트와 주상복합이 오르면 후에 대체재로 아파텔이 오르곤 한다. 아파텔은 아파트와 구조가 똑같기에 그나마 매매 수요가 있지만, 원룸·투룸 오피스텔은 대지지분이 작은 데다 장기간 거주하기에는 적합하지 않아서 매매보다 전월세 수요가 많다. 그런데 아파트와 주상복합, 아파텔, 심지어 빌라까지 주거형 대체재의 가격이 모두 오르고 나면 원룸·투룸 오피스텔의 시세 차익을 노리는 투자가 유행하기 시작한다. 원룸·투룸 오피스텔은 원래 시세 차익보다는 월세 수익, 즉 현금 흐름에 걸맞은 종목이다. 만약 월세 수익이 아닌 시세 차익을 노리고 오피스텔에 투자하는 이들이 많아진다면 그 시기가 상승의 끝물임을 눈치채야 한다.

2022년 봄 서울 강남과 주요 지역의 원룸·투룸 오피스텔을 전세를 껴서 1000~2000만 원의 소액으로 사는 투자가 유행했는데, 금리가 오르자 상승은 결국 막을 내렸다. 지방 오피스텔 분양권 투자도 유행했는데, 시장이 사그라들면서 많은 사람이 계약금을 포기하고 헐값에 매도하거나 심지어는 매도 자체가 되지 않아 소송까지 하는 등 큰 피해를 봤다. 사기는 쉬우나 팔기는 어려운 게 오피스텔이다. 이를 항상 기억해야 한다.

공시가 1억 원 미만 등 묻지 마 소액 투자가 유행한다

부동산 투자와 떼려야 뗄 수 없는 게 세금이다. 취득세 중과 제도가 생기며 주택 개수를 늘리는 투자가 부담스러워지자, 상승기가 끝나갈 무렵 공시가격 1억 원 미만의 아파트를 여러 개 매수하는 투자가 유행했다. 이런 소액 아파트들은 취득세 중과가 면제이며 오직 1%의 취득세만 내면 되기 때문이다. 물론 투자 시점에 취득세를 아낄 수 있다는 장점은 있다. 하지만 공시가격이 1억 원을 넘어가는 순간 다음 그 물건을 받아줄 다주택자는 취득세 중과 대상이 되어버리기에, 부동산 가격이 오르면 수요가 크게 줄어든다는 문제가 있다.

또한 공시가격 1억 원이면 보통 매매가 1억 5000만 원 내외의 아파트로, 입지가 떨어지는 구축 소형 아파트일 확률이 높다. 이러한 아파트는 세입자가 나간다고 했을 때 새 세입자를 찾기도, 그렇다고 매도하기에도 쉽지 않다. 내 의지와 상관없이 물려서 비자발적인 중장기 투자가 될 수 있으므로 언제나 조심해야 한다. 지금은 지방의 경우 공시가 1억 원에서 공시가 2억 원으로 취득세 중과 완화 기준이 바뀌었는데, 만약 투자한다면 위와 같은 부분들을 면밀히 살펴본 후 신중하게 접근해야 한다.

지방에까지도 지식산업센터 투자 붐이 일어난다

부동산 사이클이 상승기 후반부에 다가서면 사람들은 종부세를 두려워하기 시작한다. 주택 가격이 오를수록 종부세의 압박 또한 증가하는데, 이 시기쯤 아파트 투자의 한계를 느끼고 비주거형 투자로 갈아타려는 시도를 많이 한다. 대표적인 것이 지식산업센터다.

지식산업센터는 기본 취득세가 4.6%로 취득세 중과가 없고, 종부세로부터 완전히 자유롭기에 2020년 이후로 투자자들 사이에서 유행을 탔다. 그 전까지는 주로 사업자를 내고 사업을 하는 실수요자들이 지식산업센터에 관심을 가졌다면, 부동산 상승기 후반부부터는 투자 수요가 대거 몰려들며 서울 영등포, 문정, 성수 쪽의 지식산업센터 매매가가 크게 상승했다. 그 후 경기 남부에 이어 부산, 평택, 천안, 아산 같은 지방의 지식산업센터 분양가까지 크게 올랐다. 그러나 2022년, 금리가 크게 오르면서 지식산업센터를 분양받은 사람들에게 위기가 닥쳤다. 분양받았을 때보다 대출 금리가 두 배 가까이 오른 것이다. 이처럼 큰 대출 부담을 지게 되고, 엎친 데 덮친 격으로 불황 때문에 임차인을 구하기도 어려워지며 공실로 큰 손실을 떠안게 되었다.

전시회나 미술품 투자가 호황이 된다

2021년에는 투자자들 사이에 미술품 투자가 유행을 했다. 생뚱맞지 않은가? 이 시기 많은 투자자가 미술 작가를 따라다니며 전시회에 참석하고, 고가의 작품을 사서 집에 걸어 인증샷을 올리며 여러 사람의 부러움을 샀다. 나는 당시 투자자들이 왜 미술품까지 관심을 가지고 수집하는지 이해할 수 없었다.

오랜 시간 투자를 해온 지인과 이야기를 나누던 도중, 예전에도 이와 같은 시기가 있다는 걸 들었다. 바야흐로 2008년, 대한민국의 부동산이 호황을 맞았던 그 무렵이었다. 2021년과 2008년, 이 두 시기의 공통점을 알겠는가? 그렇다. 돈이 넘쳐서 이젠 갈 곳이 없다 보니 미술품까지 뻗친 상황이었다. 아트 투자 역시 부동산 상승장의 꼭지에 다다랐을 때 일어나는 현상이다.

이처럼 상승장의 막바지에 이르렀을 때는 분명 일반적인 상황과는 다른 독특한 현상들이 보이곤 한다. 그저 '요즘은 이런 투자가 유행하는구나' 하며 무분별하게 동참하지 말고, 정말 수익이 날 투자가 맞는지, 수요층은 충분한지 등을 더더욱 날카롭게 살펴봐야 한다. 무엇으로든 돈을 벌 수 있다고 모두 자신감에 차 있을 때가 가장 위험하다.

PART 4

결국 어떻게 강남에 도달할 것인가?

수익률을 극대화하는

징검다리 전략

곧바로 갈 수 없다면
다리를 놓아라

어느 해 설 명절에 경주의 작은어머니 댁에 갔는데, 작은어머니께서는 재미있는 말씀을 해주셨다.

"처음에 소 사육을 시작했을 때 한우 살 돈이 없어서 젖소를 샀는데, 그게 늘어서 이제는 어느새 한우가 열세 마리나 됐어."

언뜻 이해가 가지 않았다. 한우를 키우기 위해 젖소를 사셨다니? 젖소는 왜 사신 거냐고 여쭤자 작은어머니가 자세히 설명해 주셨다. 젖소에게 한우 수정란을 이식해 한우를 낳게 한다는 것이었다. 그러면 한우를 얻을 수 있고, 동시에 젖소도 송아지를 낳으니 젖이 돌기 시작해서 좋은 가격에 젖소를 팔 수 있다고 하셨다. 7~8개월 된 한우 송아지가 400만 원 정도인데 젖소 송아지는 100만 원밖에

하지 않으니, 적은 투자금으로 한우를 얻을 수 있는 비법인 것이다. 작은어머니의 설명을 듣고 '소 사육이나 부동산이나 매한가지구나!' 하는 생각이 들었다.

사람은 누구나 좋은 곳에 살고 싶어 하기에 너도나도 서울로 상경하고, 그중에서도 강남에 살기를 원한다. 하지만 처음부터 강남에 들어갈 큰돈은 없으니 서울 외곽의 구축 아파트나 경기도에서부터 시작해 종잣돈을 굴리며 서울 도심 안쪽으로 들어가는 계획을 세우지 않는가. 강남이 한우라면, 강남까지 가기 위한 브릿지는 젖소 송아지인 셈이다.

한우 송아지를 사서 다 키운 후 파는 것보다 젖소 송아지를 사서 한우를 얻고 이를 키워 파는 게 수익률이 더 높듯, 부동산도 아직은 한우가 아니지만 '한우가 될 자질이 있는 아파트'에 투자하는 게 더 수익률이 높다. 그래서 언제나 내가 투자를 적극 추천하는 곳은 지금 살기 좋은 완성형 도시보다, 나중에 완성되어 '더 좋아질' 곳이다.

젖소에서 한우로,
공사판에서 뉴타운으로

2017년에 지인이 상담을 부탁해 온 적이 있다. 그 지인의 직장은 가산디지털단지였고, 7억 원 미만의 30평대 아파트를 찾고 있었다. 일단 눈에 들어오는 곳은 신길과 광명인데 어디가 더 나은 선택이냐는 것이었다.

"당연히 신길뉴타운 가셔야죠. 7호선 끼고 있고, 뉴타운 왼쪽인 신풍역 쪽으로는 신안산선 들어오는데 신안산선이 여의도로 가요. 또 오른쪽인 보라매역에는 신림선 경전철 공사 중이고요. 지금은 공사판이라 좀 보기 안 좋아도 교통, 인프라 다 개선되고 있어서 나중에 많이 오를 거예요."

198페이지에 내가 정리해 놓은 2019년 신길뉴타운의 지도를 보면 짐작할 수 있듯이 2017년에 신길은 온 동네가 공사판이었다. 신풍역 초역세권인 래미안에스티움을 중심으로 완전히 바뀌어가는 중이었다. 이는 곧 '모멘텀이 있는 지역'이란 뜻이다. 지금도 강남을 갈 수 있지만, 신림선이 들어오면 보라매역에서 신림선을 타고, 신림역까지 가서 2호선으로 갈아타면 강남역에 더 빠르게 도달할 수 있다. 이처럼 강남 접근성이 더욱 좋아질 예정이고, 여의도까지

2019년 당시 신길뉴타운 지도와 시세

가는 신안산선도 들어올 예정이었으며 또 신길중학교가 신길뉴타운 중앙으로 이전하면서 중학교 접근성도 높아질 것이었다. 이처럼 신림뉴타운은 각종 인프라가 개선되고 신축 아파트가 들어서며 순조롭게 오를 일만 남아 있었다.

강력하게 신길 투자를 추천했지만 지인은 왠지 떨떠름한 표정이었다. 나중에 물어보니 그가 선택한 곳은 결국 광명이었다. 신길의 래미안에스티움과 광명의 철산래미안자이 중 고민하다가 후자를 고른 것이었다. 그가 매수를 고민하던 당시, 33평형 기준으로 신길에스티움은 약 7억 원, 철산래미안자이는 6억 3000만 원 정도였다. 가격적인 부담이 덜하다는 것도 영향이 있었지만, 학군이 괜찮고 7호선도 인접하며 이미 인프라가 갖춰져 실거주가 편리하다는 점이 그가 철산을 선택한 이유였다.

그도 그럴 것이, 2017년 당시 신길뉴타운의 이미지는 별로 좋지 않았다. 길거리에는 중국어 간판이 즐비하고 골목길 곳곳이 어두침침한, 슬럼화된 동네였다. 그러니 그곳에 실거주를 한다는 게 썩 내키지 않았던 것이다. 그로부터 8년이 지난 지금, 두 아파트는 어떻

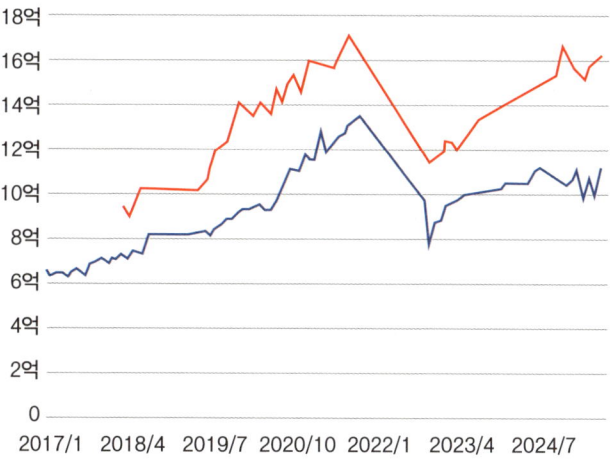

래미안에스티움, 철산래미안자이 33평형 매매가 비교(출처: 아실)

게 되었을까?

  2025년 9월 기준으로 보니 래미안에스티움은 33평 약 17억 원 중반대로 10억 원 이상 올랐고, 철산래미안자이는 11억 원 중반대로 5억 2000만 원 정도가 올랐다. 이미 개통한 신림선을 이용해 한층 더 편리한 교통을 누리고 있는 건 덤이다. 물론 철산래미안자이도 오르긴 했지만, 지금 당장 살기 편하다고 선택한 결과치고는 조금 가슴이 아픈 게 사실이다.

모멘텀이 있는 곳을 골라 추월차선에 올라타라

  이는 앞에서 말한, 상급지까지 가기 위한 '브릿지 지역'을 고를 때 가장 유념해야 하는 부분이다. 상승의 모멘텀이 있는 지역에 올라타서 내 종잣돈을 불려야 강남이라는 종착지로 한 발 한 발 더 가까이 다가갈 수 있다. 각자의 사정에 따라 다르겠지만, 단순히 지금 살기 편하다거나 내게 익숙한 지역이라는 이유만으로 매수해서는 높은 수익을 올리기는 어려운 게 현실이다. 브릿지 지역을 어디로 정하느냐에 따라 강남까지의 브릿지는 단 한 개가 될 수도, 네다섯 개로 늘어날 수도 있다.

  지금 당장 한우처럼 좋아 보이는 곳이 아니라 얼핏 보기에는 젖소이지만 한우 수정란 같은 모멘텀과 호재를 품고 있는 곳이 분명 있다. 이는 꼭 수도권에만 있는 건 아니다. 지방 광역시에서 투자를 시작해 자산을 늘려 서울로 입성하는 것도 당연히 가능하다. 전국구를 대상으로 착공과 분양, 인허가가 미친 듯이 급감하고 있는 곳을 찾아보자. 찾았다면 내 자금에 맞는 부동산을 사서 묻어두고 시간의 흐름에 몸을 맡기면 된다. 그러면 그 자산은 곧 회복기와 상승기를 맞이하며 나의 종잣돈을 불려, 강남까지의 초석을 마련해 줄 것이다.

  그러나 하나 당부해 두고 싶은 게 있다. 앞서도 말했지만, 지식산업센터, 생활형 숙박시설, 원룸 및 투룸 오피스텔은 한우가 될 수 없다. 이런 종목들은 실수요가 적기에 자산 시장에 물이 빠지기 시작하면 매도하고 나오기가 굉장히 힘들다. 물론 이 종목들에도 상승 타이밍이 오긴 하지만, 그 타이밍은 무척 짧아서 웬만한 투자자라면 시기를 맞춰 매도하기가 쉽지 않다. 초보일수록 아파트 혹은 아파트가 될 수 있는 입지 좋은 분양권, 정비사업에 집중하도록 하자.

종잣돈을 두 배로 불려준
세 개의 브릿지들

실제로 나는 몇 번의 브릿지를 놓은 덕에 서울로 입성할 수 있었다. 처음 내가 가진 종잣돈은 단돈 6500만 원, 서울에 번듯한 아파트를 갖기에는 턱없이 모자란 금액이었다. 그 돈으로 내가 마련할 수 있었던 건 시끌벅적한 시장과 맞닿아 있던 고작 10평 남짓의 신축 빌라였다. 그 빌라를 부동산 투자의 베이스캠프로 삼으며 내가 배운 투자법은 '몸빵'이었다. 좋게 표현하면 '이사의 달인'이 되었다고도 말할 수 있겠다.

몸빵 방법은 아주 간단했다. 전세가율이 주택담보대출의 한도인 70%보다 낮을 경우 대출을 최대로 받아 이사한 뒤, 아파트의 전세가가 우리가 매수한 가격만큼 높아지면 전세를 주고 이사를 하는 형태였다.

나는 주택담보대출 9000만 원을 끼고 1억 5500만 원에 신혼집인 빌라를 매수했는데, 1년이 지난 후 전세가가 많이 올라 1억 5000만 원에 전세를 놓을 수 있다는 사실을 알았다. 대출을 갚으면 내 손에 들어올 돈은 6000만 원이었다.

그 자금을 기준으로 이사 갈 집을 찾았다. 당시 마포구와 성동구는 이미 많이 올라 있었고, 상대적으로 덜 올랐다고 판단되는 성북구의 아파트를 매수하겠다는 계획을 세웠다. 그러나 랜드마크급 대단지들은 역시나 많이 올라 있었고, 주택담보대출을 꽉 차게 받는다 해도 6000만 원의 자금으로 들어갈 수 있는 아파트는 없었다.

'급매'가 만들어낸
두 번의 이사

그럼에도 포기하지 않고 찾은 곳이 바로 석계역 인근 나 홀로 아파트인 중앙하이츠였다. 당시 중앙하이츠 25평형이 2억 원 중반대에 거래되고 있었고, KB시세를 살펴보니 대출 가능한 금액은 1억 9000만 원 정도라 예산에 맞았다. 주말에 얼른 근처 부동산을 찾았다. 역시 급매는 현장에 있었다.

"방금 엄청 좋은 물건이 하나 나왔어요. 그런데 잔금이 좀 빨라야 해요. 좀 있으면 경매 넘어가기 직전이라 한 달 안에는 잔금을 치러야 할 것 같은데……."

그렇게 보게 된 집은 1994년에 준공된지라 정말 오래되었고, 아저씨 혼자 사셔서인지 관리가 잘 되어 있지는 않은 모습이었다. 어디서 귀신이 튀어나와도 이상할 것 같지 않아 보였다. 그런데 집 구경을 하며 만난 집주인 아저씨는 돈이 매우 급해 보이셨다. 얼마나 팔고 싶으셨으면, 그 자리에서 1000만 원을 더 내려 2억 3000만 원에 살 것을 권하셨다. 집 상태가 너무 좋지 않아 조금 고민되었지만, 수리하고 들어가서 좀 살다가 전세를 주고 이동하자는 결심을 하고 집을 매수했다. 주변 시세보다 2000만 원이나 낮게 들어가는 것이었기에 의미는 있을 터였다.

그때의 이사는 너무나 설렜다. 은평구 10평 빌라에서 성북구의 역세권 25평 아파트라니! 그 집으로 가던 이사가 가장 행복했던 것 같다. 그렇게 10개월 정도를 살았더니 전세가가 내가 매수한 가격을 훌쩍 넘어 있었다. 내 매수가보다도 3000만 원이나 높은 2억 6000만 원에 세입자를 맞추었고, 대출금을 상환하고 나니 내 손에 남은 돈은 7600만 원이었다.

7600만 원이면 여전히 많은 돈은 아니다. 특히나 서울에서 이 자금으로 살 수 있는 곳을 고르자면 선택지는 더욱이 적어졌다. 그래서 선택한 곳이 경기도 중 그나마 직장과 가까운 남양주의 도농부영아파트였다. 이곳은 남양주에서 가장 부촌으로, 입지적으로 우수한데 매매가와 전세가에 큰 차이가 없으며 아직까지 상승하지 않은 아파트였다. 게다가 32평형이었다.

도농부영은 세대수가 많은 만큼 선택할 수 있는 집도 많아서 이때는 정말 여러 집을 봤던 기억이 난다. 그곳의 평균 매매가는 3억 3000만 원 선이었는데, 우리가 가진 돈이 약 7000만 원이었기에 대출금을 더한다 해도 총 매매가가 3억 2000만 원을 넘으면 안 되는 상황이었다. 매일 퇴근 후 남양주로 달려가 집을 본 지 일주일쯤 지났을까, 기다리던 급매물이 나타났다. 뷰도 좋고, 위치도 나쁘지 않은데 집주인이 땅 투자에 자금이 더 필요해 시세보다 1500만 원 낮게 내놓은 매물이라고 했다. 다행히 200만 원을 더 깎아 3억 1300만 원에 매수할 수 있었다.

다시 서울로,
상급지로

　도농부영은 분명 좋은 집이었다. 남양주 내에서도 부촌인 만큼 살기도 편하고, 32평이라 쾌적하며 체리색 몰딩이 유난히 정이 가는 아파트였다. 그럼에도 막상 살아보니 좋은 선택은 아니라는 직감이 들었다. 일단 내가 직장을 서울 서남부로 옮기면서 출퇴근이 어려워졌고, 경기도로 넘어가는 순간 상대적으로 서울보다 상승이 더디다는 느낌이 확 든 것이다. 나는 그렇게 다시 한번 서울 진입을 호시탐탐 노리기 시작했다.

　그렇게 2017년 1월, 6개월이라는 짧은 거주 기간을 뒤로하고 드디어 이 집을 3억 7000만 원에 매도했다. 그다음 우리가 향한 곳은 서울에서도 상급지인 양천구였다. 당시 나는 양천구 입성을 꿈꾸고 있었지만, 목동의 핵심 축인 신시가지아파트는 매매가 너무 잘돼 우리 자금으로는 발을 디딜 수 없을 만큼 가격이 올라 있었다. 그래서 찾은 곳이 신시가지아파트와 같은 학군을 공유하는 신정동의 목동우성2차아파트였다.

　당시 목동우성2차 주변은 갈산도시개발구역 공사가 한창 진행 중으로, 주변 소규모 공장들을 정리해 목동파크자이를 짓고 있던지라 정말 엉망이었다. 임장을 하러 간 사람들도 절레절레 고개를 젓고 돌아설 만큼 어수선했다. 하지만 공장 주변은 개발될 예정이었고, 내 판단으로는 목동파크자이가 입주하며 시세를 이끌어주면 주변도 함께 오를 것 같았다. 또한 신시가지아파트는 한 차례 가격이 오른 상태인 반면, 그들과 같은 중고등학교를 배정받는 목동우성2차는 거의 오르지 않아서 가격적으로 메리트가 있다고 판단했다. 목동의 가장 큰 매력은 학군인데, 더 저렴한 가격으로 신시가지아파트의 학군을 누릴 수 있다면 분명 경쟁력이 있을 것이었다. 32평형이 4억 원 중반대에 형성되어 있어 도농부영아파트를 팔고 갈아타기에 가격대도 적절했다.

다행히 급매물은 나왔다. 미국에 거주하는 집주인이 잠시 한국에 들어온 김에 아파트를 정리할 계획이라며, 그 안에 처리해야 하기에 빠른 매도를 원한다는 급매물이었다. 가격은 4억 1500만 원으로, 저층이긴 했지만 나쁘지 않은 가격이었다. 집은 생각보다 괜찮았고, 나는 집을 보고 나오자마자 집을 매수하겠다고 말했다. 남양주의 도농부영을 매도한 후 내 손에 들어온 자금은 약 1억 2000만 원이었고, 나는 대출의 힘을 빌려 이 돈으로 무사히 양천구에 입성할 수 있었다.

세 번의 이사가 만들어낸
두 배의 종잣돈

물론 이는 젊었기에 가능한 파격적인 방법이었다. 그때 나와 아내는 1년에 두 번의 이사도 마다하지 않았고, 동에서 서, 서에서 동으로 가로지르며 거침없이 이동했다. 고단한 출퇴근과 늦은 밤의 임장도 거뜬히 버틸 수 있을 만큼 젊었거니와, 무엇보다도 결혼 후 4년간 아이가 없었던 덕도 컸다.

아이가 생기며 더 이상의 이사는 어려워졌고, 2017년 양천구로 이사한 후 문재인 정권이 들어서며 강력한 대출과 부동산 규제가 생긴 후부터는 현실적으로도 이런 '몸빵 투자'는 힘들게 되었다. 민주당 정부가 들어선 지금도 이는 불가한 이야기다. 그럼에도 이 경험담을 굳이 꺼낸 이유는, 브릿지에서 브릿지로의 지난한 이동을 감수하다 보면 언젠가는 내가 원하는 곳에 도달한다는 희망을 주고 싶었기 때문이다. 우리는 세 번의 이사를 통해 3년이라는 짧은 시간 안에 종잣돈 6500만 원을 1억 2000만 원으로 만들어냈다. 전세를 준 집들은 덤으로 말이다. 만약 우리가 좀 더 여유로워서 더 많은 돈을 부동산에 투여할 수 있었다면, 훨씬 드라마틱한 수익률을 만들어냈을지도 모른다.

지금은 다양한 현실적 제약 때문에 과거의 나처럼 빠르게 점프를 할 수는 없지만, 그럼에도 어떻게든 상급지로의 브릿지를 놓고, 또 놓으려는 노력은 분명 자산을 불려줄 것이다. '그때는 됐지만 지금은 안 돼' 하며 고개를 젓기보다는, 설사 시간은 더 오래 걸릴지라도 어떻게 하면 상급지로 한 발짝이라도 건너갈 수 있을지 고심해보길 바란다. 겪어보니, 자산의 퀀텀 점프를 이루는 데 쉬운 길은 없었다.

흥샘's TIP

고수들만 아는
발품의 디테일

이제쯤 '내가 가고 싶은 상급지까지 데려다줄 브릿지 지역'이 어딘지 머리에 대략이라도 떠올랐을까? 인구, 수급, 호재…… 많은 걸 확인해 봤을 것이다. 이제는 구체적인 아파트 단지를 선정할 때의 작은 팁을 말해볼까 한다.

지금은 부동산 앱이 잘 돼 있어서 다들 네이버 부동산, 호갱노노, 아실 같은 사이트를 잘 이용할 것이다. 이렇게 손품을 팔 때 확인해야 할 것은, 먼저 그 지역에서 선호하는 단지와 그 단지의 자세한 입지 특성이다. 보통 선호되는 단지는 교통이 편리하고 편의 시설이 갖춰져 있으며 학군이 좋다. 근거리에 학원가가 있어 편리하게 이용이 가능하며, 연식이 얼마 되지 않은 신축 혹은 준신축 아파트인 경우가 많다. 이런 곳은 실거주 하기 좋아서 전세가율이 높을 가능성이 크다. 전세가율이 높으면서 매매가는 크게 오르지 않았고, 그 지역에서 선호받는 단지일수록 향후 시세가 빨리 상승할 수 있기에 유심히 살펴볼 필요가 있다.

선호 단지를 확인했다면 구체적으로 어느 정도의 시세를 이루는지 조사해야 한다. KB부동산의 과거 시세 그래프, 국토부의 아파트 실거래가, 네이버 부동산 등을 통해 확인해 보자. 과거에 시세가 어떤 추이를 보였으며 고점 대비 얼마나 떨어졌는지 혹은 올랐는지, 또 최근 3년간 얼마나 올랐는지를 확인해야 한다. 최근 실거래가를 확인하는 건 당연하다. 마지막으로 네이버 부동산에서 지금 전세, 매매 호가를 확인해 과거부터 현재까지 가격 변동의 흐름을 체크한다.

부동산에 갈 때는 세 가지 포지션을 모두 취하라

손품으로 투자할 만한 단지를 몇 개 추렸다면 이제는 발이 움직일 때다. 나는 투자할 지역에 임장을 가면 보통 세 개 정도의 부동산에 들러서 각각 다른 브리핑을 들어보는 편이다. 특히 각각의 부동산에 갈 때마다 나의 포지션을 매도자, 세입자, 투자자로 달리하여 브리핑을 듣는다. 일단 세입자 입장으로 전월세를 구하는 것처럼 행동하면 정확한 시세를 알 수 있다는 장점이 있다. 그리고 투자자 입장으로 가면 '주변에 개발 호재도 있고, 지하철역도 곧 들어올 예정이고, 그걸 생각하면 저평가가 되어 있다'는 식으로 매물의 장점 위주로 브리핑을 들을 수 있지만, 반대로 매도인 입장으로 가면 '이 정도면 많이 오른 편이고, 지금 금리도 점점 오르는데 정부의 정책도 규제가 심해지고 있으니 그냥 저렴하게 매도하라'는 말을 듣는 경우가 많다. 이렇게 다양한 입장에서 의견을 들어보며 발품을 팔면 큰 도움이 된다.

발품 시 반드시 체크해야 할 일곱 가지

첫째, 로열 동과 로열층을 알아보라. 역 혹은 초등학교에서 가깝거나 조망이 훤히 뚫린 곳이 로열 동일 가능성이 높다. 15년 이상 된 아파트라면 저층과 톱 층은 가급적 매수하지 않는 게 좋은데, 매도 시 우선순위에서 밀려나기 때문이다. 하지만 탁월하게 저렴한 급매물이라면 1층이나 톱 층을 매수해도 좋다. 보통 1층이 로열층보다 10% 정도 저렴하지만 전세가는 실상 큰 차이가 나지 않기 때문이다. 2016년, 나도 평촌신도시에 위치한 한 아파트의 1층 급매물을 산 적이 있다. 저렴하게 매수했기에 전세를 끼자 내 투자금은 단돈 1500만 원밖에 들어가지 않았다. 만약 로열층에 투자했다면 최소 4000만 원 이상의 투자금이 들었을 것이다. 다만 1층과 톱 층은 수요가 적으므로 매도 타이밍을 잘 맞춰야 한다.

둘째, 단지 규모는 가능하면 500세대 이상을 골라라. 1000세대 이상이면 말할 것도 없다. 같은 입지라도 1000세대 이상의 대단지가 먼저 움직이고 그다음 500세대, 그다음으로 200세대 순으로 움직인다. 세대수가 많을수록 선호를 받고 거래도 잘된다. 대단지를 매수할 타이밍을 놓쳤다면 그다음으로 세대수가 많은 단지를 얼른 살펴 타이밍을 노리는 것도 좋다.

셋째, 향과 조망을 반드시 체크하자. 남향과 동향의 차이는 생각보다 매우 크다. 동향은 오전에 해가 들어오고 오후부터는 해가 들지 않으며, 반대로 서향은 오후부터 해가 들어온다. 그래서 오래된 복도식 아파트의 동향 매물이라면 결로로 인한 곰팡이가 없는지를 꼭 체크해야 한다. 나는 천안에서의 아픈 기억 때문에 복도식으로 된 동향 아파트에 투자할 때는 반드시 곰팡이를 확인한다. 조망도 중요한데, 꽉 막힌 남향보다는 훤히 뚫린 동향을 선호하는 사람도 많으므로 두루 체크해 적절한 매물을 골라야 한다.

넷째, 수리 여부를 확인하라. 특히 가장 돈이 많이 드는 새시와 화장실 수리 여부가 가장 중요하다. 수리비는 새시, 화장실, 싱크대, 도색과 도배·장판 순으로 많이 들어간다. 새시를 하려면 보통 발코니 확장도 동시 진행하기에 아무리 임대용으로 간단히 수리한다 해도 적어도 1000만 원은 들어간다고 보면 된다. 화장실도 250만 원 정도는 생각해야 하고, 싱크대도 150~200만 원은 들어간다. 그러므로 투자의 가성비를 챙기려면 새시와 화장실 수리 여부는 필히 체크해야 할 부분이다.

다섯째, 엘리베이터가 주차장과 연결되어 있는지를 확인하라. 같은 단지임에도 어떤 동은 지하주차장까지 엘리베이터가 연결되지 않은 곳이 있다. 이는 거주자의 주차 편의성과 크게 연관이 있기에 시세에도 영향을 미친다. 한 예로 나는 급매물이라는 말에 평촌의 귀인마을현대홈타운 205동을 매수했었다. 저렴하게 샀다는 생각에 매우 흡족해했는데, 알고 보니 그 동만 엘리베이터가 주차장까지 연결이 안 돼 있었다. 그냥 시세대로 주고 산 것이나 다름이 없었던 것이다.

여섯째, 초등학교와 중학교를 어디에 배정받는지 확인하자. 같은 단지라도 동에 따라서 학교 배정이 달라질 수 있다. 특히 30평대라면 들어올 세입자도, 다음 매수인도 중고등학생 자녀가 있을 확률이 높으므로, 중학교 학군이 어디인지를 꼭 파악하는 게 좋다.

마지막으로 이미 전세가 끼어 있는 매물을 사는 경우, 세입자가 어떤 사람인지도 체크해야 한다. 세입자가 바쁘거나 맞벌이 부부라면 전세를 놓거나 매도를 할 때 집을 보여주는 데 문제가 생길 가능성이 크기 때문이다. 꼼꼼한 투자자들은 특약에 '집을 보여주는 데 적극적으로 협조할 것'이라는 조항을 넣기도 한다.

디테일이 투자를 가른다

임장에 가서 사람들의 반려동물에 주목해 본 적이 있는가? '이게 무슨 말인가' 어리둥절한 사람도 있겠지만, 나는 임장을 갈 때 사람들이 동물을 어떻게 대하는지를 꼭 관찰하곤 한다. 수도권 C급지에 임장을 갔을 때는 구도심의 시장에서 보신탕집을 목격했고, 신축과 준신축이 밀집한 수도권의 한 뉴타운에 갔을 때는 개들이 유모차를 타고 돌아다니는 모습을 볼 수 있었다. 그런가 하면 강남에서는 대로를 걷다 보면 동물병원과 애견호텔 등 반려동물과 관련된 시설이 여럿 눈에 띈다. 어느 날은 반포 인근에서 잃어버린 강아지를 찾는다는 전단지를 봤는데, 사례금이 무려 300만 원이었다. 이 사실을 혼자 되짚어보며 '임장을 가는 동네의 사람들이 개를 가족처럼 여기는지, 아니면 한 끼 식사거리 정도로만 여기는지'를 관찰하는 것만으로도 충분히 동네의 소비 수준을 가늠해 볼 수 있겠다는 생각이 들었다. 어쩌면 한 지역이 A급지인지, B급지인지, C급지인지를 가를 수 있는 기준도 되지 않을까.

또 임장을 다니다 보면 어떤 동네는 아이들이 바글바글한 반면 다른 동네는 눈을 씻고 찾아봐도 아이가 없는 경우도 있다. 서울의 대표적인 학군지인 강남 대치동, 양천구 목동, 노원구 중계동에 가면 당연히 아이들을 많이 볼 수 있다. 좋은 학군을 갖추었고 학원가도 많아서 초등학생뿐 아니라 중고등학생도 많다. 하지만 은평구만 와도 유아나 초등학생은 많지만, 중고등학생은 좀처럼 보기 힘들다. 대규모의 재개

반포에서 본 강아지 전단지

발이 이뤄지며 은평구에는 젊은 부부들이 대거 유입되었다. 이들도 초등학교까지는 단지 안에 있거나 가까이 위치한 곳으로 보냈다. 그러나 학군이 중요해지는 나이가 되면 먼 사립 학교로 보내거나 마포구나 목동으로 아예 이사를 가기 때문에 은평구 일대에서 중고등학생은 찾기가 힘든 것이다.

즉, 임장을 갔을 때 유아나 초등학생이 많이 보인다면 교통이 편하고 어린아이를 키우기 좋은 곳이라 판단할 수 있고, 중고등학생이 많이 보인다면 근처에 선호되는 학군이 있거나 도보권에 학원가가 있다고 판단할 수 있다. 만약 아이가 거의 보이지 않는다면, 주변에 산업단지가 있거나 학교와의 거리가 멀어서 선호되는 입지가 아니라는 증거일 수 있으니 이를 필히 체크해야 한다. 대구의 경우, 수성구와 달서구에는 초등학생과 중고등학생이 모두 많은 반면 투자자들이 많이 들어가 있는 서구와 동구에서는 아이를 보기가 힘들다. 수성구와 달서구에는 학원가가 있고 선호하는 학교들도 도보권에 있지만, 서구와 동구는 재개발이 대거 진행되었음에도 몇몇 곳은 여전히 슬럼화돼 있고 보낼 학원도 마땅치 않기 때문이다. 굳이 손품을 팔며 이곳의 학군은 어떤지, 학원가는 어디인지 찾아보지 않아도, 거리만 보더라도 판단할 수 있다.

투자는 항상 디테일해야 한다. 한 번의 전화를 하고 한 번의 임장을 하더라도 가능한 한 많은 정보를 얻으려 노력하고, 디테일한 것까지 물어봐야 남들과 차별화된 결과를 얻을 수 있다. 내가 만난 고수들은 하나같이 디테일했고, 아주 사소한 정보에서도 기회를 찾고자 노력했다. 손품으로 꼼꼼히 정보를 얻고, 발품을 팔아 직접 내 눈으로 이를 확인하면서 손품으로 얻은 것들이 단지 뜬소문인지 아니면 정말 신빙성 있는 정보인지도 알아보자. 이 과정들을 지속적으로 하다 보면 분명 자신만의 인사이트가 생길 것이다.

타이밍에는 '기술'이 아닌 '양보'가 필요하다

수많은 상담 중 꽤 높은 비율을 차지하는 게 바로 '매도'에 관한 질문이다. 사실 부동산 투자의 과정 중 가장 쉬운 게 무주택자가 첫 집을 매수하는 것이다. 내가 가진 자금에 맞춰, 내가 끌어올 수 있는 레버리지에 맞춰, 내가 판단한 타이밍에 맞춰 적당한 집을 매수하면 되니 말이다. 즉, 모두 내가 선택할 수 있는 영역이다.

그러나 이를 팔고 갈아타는 시점부터는 반드시 남의 개입이 필요하다. 내가 '이때가 갈아탈 타이밍이다!' 하고 집을 내놓아도 사주는 매수인이 없다면 전부 수포가 되어버린다. 나 역시 과욕을 부리다 매도 타이밍을 놓쳐 손절해야 했던 뼈아픈 경험이 있다.

3500만 원을 잃은 나와
1억 원을 번 소장님

전국이 떠들썩하던 2021년 1월, 나는 전북 익산에서 신축 아파트의 선착순 '줍줍' 소식을 들었다. 일반분양을 마친 후에도 남은 잔여 세대가 있어 이를 공급하는 것을 줍줍이라고 한다. 익산의 인구는 26만 명으로, 전북에서는 전주의 뒤를 이어 두세 번째로 큰 도시다(군산과 엎치락뒤치락하는 모습을 보인다). 전주가 2020년부터 상승 흐름을 타기 시작해 오르고 있었고, 그 뒤를 군산이 따라가고 있었기에 나는 추후 익산에도 이 흐름이 도달하리라 예상했다. 2021년 초는 서울을 중심으로 전국의 부동산 가격이 천정부지로 치솟고 있었고, 지방 광역시는 물론 50만 명 이상 규모의 중소도시도 꽤 오른 시기였다. 수도권에서는 빌라나 오피스텔, 지식산업센터와 같은 수익형 투자도 성행 중이었다.

줍줍을 한 단지는 수도산광신프로그레스로, 33평형 분양가가 3억 2000만 원인데 단돈 1000만 원의 계약금이면 계약이 가능하다고 했다. 미분양을 해소하기 위한 건설사의 시도였다. 2022년 12월 입주 전까지 1000만 원 외에는 내는 돈이 전혀 없었기에 한 치의 의심도 없이 그날로 계약을 진행하고 왔다. 어느덧 여름이 오자 익산에도 조금씩 물이 들어오며 프리미엄이 1000만 원, 2000만 원 올랐다. 나는 시세를 확인할 때마다 흐뭇한 표정을 짓곤 했다.

그러다 2022년이 되었다. 이제는 시세가 정체를 보이는 것 같아서 얼른 프리미엄 2500만 원에 매물을 내놓았다. '1000만 원을 투자해 1년 만에 2500만 원을 벌다니' 하고 혼자 뿌듯해하며 말이다. 그런데 여름이 넘어가면서 많은 투자자가 매물을 내놓는 것이 보였다. 시세는 속절없이 떨어지기 시작했다. 500만 원을 내려서 2000만 원으로, 다른 투자자들이 함께 내리니 나는 더 내려 1500만 원으로……. 이때 문의 전화를 한 통 받았는데 매도인이 요구한 건 무피, 즉 분양가에 팔라는 것이었다. 의기양양하게 그 가격으로는 팔 수 없다고 말하곤 전화를 끊었다.

그러나 시간은 흘러 12월 입주일이 점차 가까워졌고, 이제 네이버 부동산에는 프리미엄은커녕 마피 1000만 원짜리 물건도 흔했다. 그제야 조급해진 나는 시세보다 가격을 확 낮추었고, 입주를 두 달 앞두고 마피 3500만 원에 겨우 물건을 팔 수 있었다. 흐름이 바뀌었을 때 이를 빠르게 눈치채고 남들보다 탁월하게 매력적인 가격으로 내놨어야 했는데, 욕심을 놓지 못해 애매하게 가격을 내리니 다른 사람들도 나를 따라 가격을 내린 게 패착이었다.

그 뒤 2023년 2월에 같은 단지에 들어간 지인의 전세 계약에 동행했는데, 부동산 소장님은 감사하게도 KTX역까지 태워다주겠다 하셨다. 소장님은 나의 매도 이야기를 듣고는 마피에 팔아서 많이 아쉬웠겠다며 위로의 말을 건넸다.

"많이 아쉽지만 어쩔 수 없죠. 2500만 원 프리미엄 붙었을 때 뒤도 안 보고 팔았어야 했는데, 너무 욕심을 부렸나 봐요."

"나도 미분양 떴을 때 5000만 원으로 다섯 개 잡았어요."

순간 정신이 번쩍 들었다. 마피로 팔았다면 손실이 엄청났을 것 같은데. 하지만 소장님은 빙그레 웃는 낯이었다. 그러고는 프리미엄이 2000만 원일 때 다섯 개를 모두 팔아 1억 원을 벌었다는 이야기를 들려주셨다. 같은 단지에, 같은 타이밍에 투자했는데 소장님은 1억 원을 벌고 나는 3500만 원을 잃은 것이다. 소장님의 판단력이 놀라웠다.

"아유, 익산 같은 촌구석에서 뭐 얼마나 먹을 게 있다고 더 받으려고 했어요. 이런 소도시에서는 한 채당 2000만 원만 올라도 충분히 올랐다고 봐. 더 안 오르면 어때요. 그렇게 번 걸로 다른 데 투자하면 되지."

내가 탐욕에 젖어 프리미엄 3000만 원, 4000만 원을 바라볼 때 소장님은 2000만 원에 만족하고 재빨리 수익을 실현한 것이었다. '이런 촌에서 뭘 얼마나 벌려고 했느냐'는 소장님의 말이 뼈아팠다. 이어서 하시는 말씀은 더 놀라웠다.

"나는 올해 1월에 잠실리센츠 잡았어. 서울은 잘 모르지만 잠실 좋은 거야 다 알고 있잖아요. 딸아이가 아산병원에서 일하고 있기도 하고. 그래서 19억 원 후반대에 하나 사서 딸아이 줬어요."

서울에 사는 것도 아닌데 그때가 바닥인 걸 파악하시다니, 이 소장님의 타이밍은 정말 귀신같았다. 어떻게 매수하셨느냐 했더니 소장님은 서울이 30% 이상 떨어졌으면 충분히 떨어진 것 아니냐며, 더 떨어질 수도 있겠지만 어차피 딸이 실거주를 할 것이니 상관없으며 길게 보면 다시 예전 가격을 회복할 거라 믿었다고 힘주어 말씀하셨다. 가히 고수의 시선이었다.

매도할 때는 조금 아쉽게, 까치밥을 남겨라

소장님 덕분에 나는 기준을 두 개 더 세울 수 있었다. 서울은 전고점 대비 30% 이상 떨어졌으면 바닥일진 몰라도 적어도 무릎에는 도달했다는 것, 그리고 지방 소도시의 분양권은 프리미엄 2000만 원이면 뒤도 돌아보지 않고 매도하는 게 좋다는 것. 물론 프리미엄

2000만 원은 매도자 입장에서 아쉬울 수 있는 가격이다. 프리미엄이 쭉쭉 올라가는 걸 보면 '조금만 더, 조금만 더' 하게 되는 심정을 나 역시 잘 이해한다. 하지만 이는 다르게 보면, 매수자 입장에서는 아직 충분히 오를 여지가 있다고 기대하게 되는 가격이란 뜻이다.

이날 KTX를 타고 서울로 올라오며 문득 장인어른의 말씀이 떠올랐다. 장인어른은 15년이나 액세서리 관련 사업을 하셨는데, 일이 많을 때는 한 달에 순수익 1억 원 이상이 나올 때도 있었다고 한다. 하지만 점점 경기가 꺾이고, 중국산 값싼 액세서리가 수입되기 시작하며 액세서리 사업도 내리막길임을 느끼셨다. 게다가 금값이 오르면서 도금 비용까지 올라갔다. 점점 적자가 늘어날 것이 보이기 시작한 그때, 장인어른은 사업장을 정리했다. 그 후 장인어른의 예측대로 액세서리 사업은 본격적인 하향길을 걸었고, 친했던 업계 동료들의 이야기를 들어봐도 다들 '인수할 사람이 없어서 어쩔 수 없이 운영하고 있다'며 한숨을 내쉰다고 했다. 그러면서 장인어른은 "뭐든 까치밥이 남아 있어야지, 먹을 게 없으면 누가 사가겠어"라고 말씀하셨다.

투자에도 까치밥이 필요하다. 내가 봐도 좋은 가격이어야지 상대방도 그걸 알아차리고 빠르게 낚아채 간다. 꼭지에 팔고 싶어서 '조금만 더' 하며 욕심을 내다 보면 팔기 좋은 타이밍을 놓쳐버린다.

조금 아쉬운 가격에 팔아야 내가 원하는 타이밍을 맞출 수 있다. 고작 1000만 원을 더 벌려고 하다가 절호의 갈아타기 타이밍 혹은 투자 타이밍을 놓칠 수 있다는 사실을 항상 기억하자.

실제로 수도산광신프로그레스는 내가 매도하고 나온 이후 마피 6000만 원까지 떨어졌고, 전세가도 2억 원대로 떨어져 입주장 때 많은 투자자가 눈물을 머금고 큰 손실을 감수하며 매도해야 했다. 2025년 9월 기준 아직도 분양가보다 낮은 3억 원 선에서 거래가 되고 있다. 그럼에도 누군가는 이 아파트를 통해 1억 원을 벌었다는 것을 보면, '매도 타이밍'의 중요성은 아무리 강조해도 지나치지 않다는 걸 알 수 있을 것이다.

반드시 수익을 남기는
네 가지 매도의 법칙

 2021년까지는 누구나 매도가 쉬웠다. 집을 내놓으면 금세 전화가 왔고, 굳이 협상하지 않아도 쉽게 팔려나갔다. 그렇게 시간이 흘러 2022년이 되었고, 어느덧 영원할 것 같던 부동산 파티도 막을 내렸다. 점차 부동산에서 걸려오는 매수 전화가 뜸해졌고, 내 물건을 매도하려고 온갖 노력을 해봐도 그놈의 매도는 쉽지가 않았다.

 익산 사례에서 알 수 있듯이 매도의 중요성은 몇 번을 강조해도 모자라다. 나는 10년 이상 투자를 하면서, 익산과 같은 뼈아픈 손절 사례를 최대한 줄이기 위해 나만의 네 가지 매도 법칙을 만들었다. 발에서 사진 못해도 최대 무릎까지 왔을 때만 사고, 머리에서 팔진 못해도 최소 어깨까지는 왔을 때 팔기 위한 매도 타이밍들이다.

첫째,
공급 과잉으로 인한 하락이 예상될 때

앞으로 6개월 이내 매도할 물건의 지역에 대량 공급 계획이 있다면 빠르게 매도를 고려하는 게 좋다. 단기간에 대량의 아파트가 입주한다면 전세가는 물론이고 매매가도 조정을 받을 가능성이 높다. 앞에서 말한 2014년 나의 첫 투자, 천안 쌍용동 월봉청솔2차의 사례를 기억할 것이다. 2016~2018년 불당신도시가 입주하며 대량 공급이 이뤄지자 그 영향으로 천안 전체가 영향을 받았다.

서울이라고 다르지 않다. 2018년 12월 송파구에 무려 9510세대의 헬리오시티가 입주하기 시작하자 송파구는 물론이고 서울 전역에서 역전세가 발생하기 시작했다. 헬리오시티는 8호선 역세권에 대치동 라이딩이 가능한 좋은 입지이고, 최상의 커뮤니티까지 갖추고 있어 거주하기에 더할 나위 없이 좋은 환경이었기에 더욱 큰 파장을 일으켰다. 그 영향으로 강동구 고덕동의 래미안힐스테이트고덕 역시 전세가가 크게 하락했다. 228페이지 하단의 그래프를 보면 알 수 있듯이, 2017년 12월에는 33평형이 6억 원 중후반대에 거래되었으나 2019년 3월에는 4억 원대까지 떨어졌다. 전세가가 20% 이상 떨어진 것이다.

헬리오시티 입주 당시 서울 송파구의 전세가격 변동률
(출처: 아실)

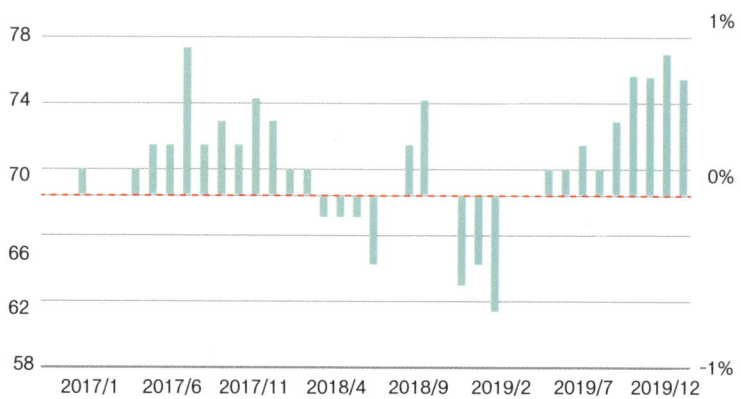

헬리오시티 입주 당시 강동구 래미안힐스테이트고덕 전세가 변동률
(출처: 호갱노노)

이처럼 내가 가진 물건보다 입지가 더 좋은 곳에 대량 공급이 있거나 더 나은 브랜드의 신축 아파트가 대량 공급된다면 주변은 초토화될 수 있다. 반드시 이를 확인해 매도 타이밍을 잡아야 한다. 아파트도 결국 수급의 원리가 적용되는 재화라는 사실을 꼭 기억하자.

둘째, 목표한 가격이나 수익률에 도달해 갈아탈 단지를 찾았을 때

목표한 가격이나 수익률에 도달했고, 이를 매도해 내가 갈아탈 단지를 확실히 찾았다면 매도할 시점이다. 나는 보통 목표 가격을 투자금의 두 배 정도로 잡는다. 예를 들어 매매가가 4억 원인 아파트를 사는 데 6000만 원이 들었다면, 시세가 투자금의 두 배인 1억 2000만 원 정도 올랐을 때 미련 없이 매도하는 편이다. 설사 더 오를 것 같더라도, 내 투자금에 비하면 충분히 올랐기에 매도하고 다음 투자처를 찾는다. 만약 이런 '매도 라인'을 정해놓지 않으면, 사람 욕심은 끝이 없어서 계속 조금만 더 오르기를 바라며 팔지 못하게 된다. 그 과욕이 소중한 매도 타이밍을 놓치게 만드는 것이다.

친한 동생이 2019년에 경남 마산의 재개발구역인 회원2구역을 프리미엄 600만원에 샀다. 투자금이 3000만 원이 채 들지 않은 소액투자로, 매수 시점만 보면 아주 잘한 투자였다. 2020년과 2021년을 거치며 창원과 마산의 부동산 가격은 크게 상승했고, 2021년 여름 이곳의 프리미엄은 2억 5000만 원까지 올라갔다. 이 시기에 동생은 부동산에서 매일같이 매도하라는 전화를 받곤 했다. 그러나 안타깝게도 자신만만하던 동생은 프리미엄 3억 원을 불렀고, 그 후 1년 이상 매수 문의 전화를 받을 수 없었다. 이후 마산도 하락을 맞이했고, 프리미엄은 5000~6000만 원까지 떨어졌다. 동생은 결국 2023년 9월에 6500만 원의 프리미엄에 만족하며 매도해야 했다.

물론 결과만 보면 5900만 원이라는 수익을 봤으니 다행이지만, 예전의 시세를 생각하면 씁쓸한 건 어쩔 수 없다. 투자금이나 매매가가 너무 무거우면 다음 매수인에게도 부담이 가기에 적정한 선에서 매도할 필요가 있다. 경험상 투자에서 탐욕을 부리면, 그 끝은 항상 좋지 않았다.

셋째,
예상 수익보다 세금이 더 많이 나올 때

앞으로 예상되는 수익보다 종부세 등 보유세가 더 많이 나올 것 같다면 매도해야 한다. 어설프게 2주택, 3주택 늘렸다가 다주택자가 되면 매년 상당한 금액의 종부세가 발생해 자금 운용이 힘들어진다. 만약 개인이 아니라 법인 명의라면 종부세의 부담은 더욱 무거울 것이다.

그래서 내가 가진 물건 가격이 빠르게 올라가기 힘들 것 같고, 높은 종부세를 감수해도 될 만큼 좋은 입지가 아니라면 한 보 후퇴해 과감하게 매도하는 게 좋다. 특히 지금처럼 민주당 정부가 들어선 시점이라면 더 철저하게 세금을 관리할 필요가 있다. 지난 문재인 정부를 되짚어봤을 때, 이재명 정부도 보유세 세율을 높일 확률이 매우 높기 때문이다. 보유세에 대한 현금 부담을 고려하지 않고 무작정 홀딩하다가는 매년 12월 종부세가 나오는 시기에 자금 위기를 맞이할 수 있다.

넷째,
상급지를 잡을 수 있을 때

목표 수익률에 도달하지 않았고, 대량의 공급이 예상돼 있지 않더라도 매도해야 하는 시점이 있다. 내 물건보다 더 좋은 상급지를 잡을 수 있을 때다. 내가 산 아파트의 수익이 아쉽거나 매수가보다 떨어진 경우 많은 사람이 '본전'을 생각하며 매도를 한없이 보류한다. 조정장이나 하락장에서 자주 보이는 경우다. 하지만 관점을 조금 바꿀 필요가 있다. 하락장이나 조정장은 내 것을 싸게 팔고 남의 것도 싸게 살 수 있는 절호의 기회다.

특히 서울 노도강이나 경기도 외곽처럼 B급지, C급지라면 더욱 그렇다. 지금 앉아 있는 곳에서 큰 수익을 바라기보다는 적당하게 협상해 팔고, 서울 중심지나 경기도의 상급지를 잡는 게 훨씬 현명한 선택이다. 노도강에서 2000~3000만 원을 올려서 팔기는 어렵지만 마포구, 성동구, 목동에서 5000만 원은 순식간에 올라가기 때문이다.

2024년 6월, 한 수강생이 상담을 요청해 왔다. 지금 노원구의 중계그린에 살고 있는데 아이가 초등학교 4학년이라 학군지인 목동으로 이사를 가고 싶다는 것이었다. 현재 살고 있는 중계그린 25평

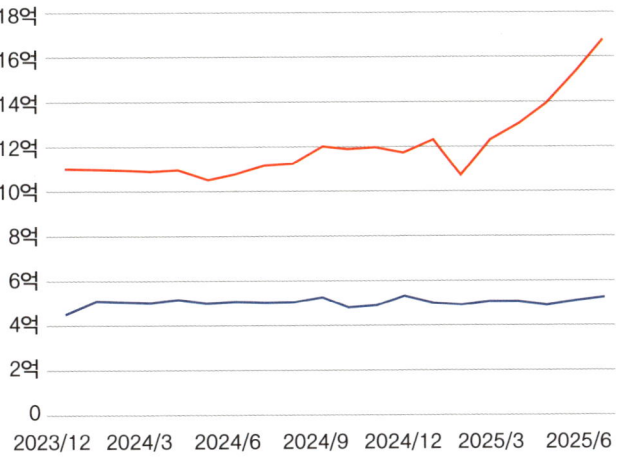

형은 5억 7000~8000만 원 선이고 대출은 없으며, 현금은 2억 원 정도를 가지고 있다고 했다. 이야기를 들어보니 목동11단지 정도면 약 10억 원 후반대에 거래되고 있으니 잡을 수 있을 것 같았다. 얼른 넘어가라고 권했지만 그가 나에게 상담을 요청해 온 이유는 따로 있었다.

"지금 중계그린 가격이 제가 산 값보다도 5000만 원이나 낮거든요. 그렇게 팔기는 싫은데…… 조금만 더 기다리면 본전은 찾지 않을까요?"

목동은 불굴의 학군지인 데다 재건축 이슈까지 있어서 상승 흐름이 오면 항상 빠르게 오르는 상급지 중 하나다. 노원구까지 상승 흐름이 오면 목동의 시세는 말 그대로 날아갈 터였다. 노원구에서 2000~3000만 원을 더 벌려다간 목동을 1~2억 원 더 주고 사야 할 수도 있었다. 2000만 원만 깎아주면 사겠다는 매수자가 나타났지만, 그는 결국 '본전 생각'에 중계그린을 팔지 못했다.

그로부터 1년이 지난 지금 시세를 살펴보면, 중계그린은 1년 전이나 지금이나 비슷하며 살짝 오른 정도에 불과하다. 2025년 9월 기준 실거래가는 약 6억 원이고, 호가 기준으로는 최고가가 7억 원이다. 하지만 그가 그렇게도 가고 싶다던 목동11단지 22평은 17억 원 선에 거래되고 있고, 호가 기준으로는 최고가가 19억 원까지도 올라와 있다. 1년 전에는 중계그린보다 약 5억 원만 더 주면 갈아탈 수 있었는데, 그사이 목동이 먼저 달아나면서 10억 원 이상 가격이 벌어진 것이다. 이제 그의 자금으로는 살 수 없는 집이 되었다.

말랐던 물이 다시 차오르는 건 중심부부터라는 사실을 기억해야 한다. 상승하는 것은 상급지부터이며, 상급지일수록 상승 폭이 크기에 내 물건의 시세가 만족스러워질 때쯤이면 상급지는 쫓을 수도 없는 가격으로 도망가 있을 것이다.

손절해야 할 때는
과감한 손절도 필요하다

2022년 끝없이 하락할 것 같던 부동산 시장은 2023년 들어 바닥을 찍고 드디어 반등하기 시작했다. 조금씩 거래가 되기 시작할 때 많은 사람이 고민에 빠졌다. 자신의 매수가보다 5000~6000만 원 하락한 금액에 매도를 할까, 아니면 회복 중이니 내가 산 금액에 도달할 때까지 좀 더 기다릴까? 나는 이 말씀을 드리고 싶다. 손절할 때는 손절할 줄도 알아야 한다고.

물론 내가 산 단지가 빨리 회복이 될 좋은 입지거나, 그 동네에서 가장 선호되는 대장이라면 어느 정도는 기다림의 미학이 필요할 것이다. 하지만 지방 중소도시의 오래된 아파트나 외곽의 분양권, 혹은 아파트가 아닌 오피스텔이라면 때로는 던지는 용기도 있어야 된다. 용기 있는 결단은 엄청난 피해를 줄이는 신의 한 수가 되기도 한다.

2021년 상승장, 많은 투자자가 들어갔던 경남 거제의 더샵거제디클리브는 분양을 시작하고 순식간에 완판된 후 프리미엄이 2000~3000만 원까지 붙었다. 그러나 2022년 하반기 하락장이 시작되자 마피 2000~3000만 원까지 갔다가, 2023년이 되자 마피

4000만 원 매물도 나타났다. 나는 과감히 손절하기를 조언했지만, 많은 분들이 계약금을 포기해야 한다는 사실을 받아들이지 못하고 입주장까지 버텼다. 그리고 2024년 2월, 더샵거제디클리브는 입주장을 치르며 마피 5000~6000만 원에 거래가 되었고 저층의 경우 마피 9000만 원에 팔렸다는 가슴 아픈 소식까지 들었다. 33평형이라면, 계약금 4000만 원을 포기하고도 5000만 원에 가까운 돈을 매수인에게 내줘야 하는 상황인 것이다.

이처럼 큰 손절을 해야 하는 경우도 있을뿐더러, 설령 고맙게도 내 매수 금액까지 도달한다 하더라도 그때쯤이면 갈아타고 싶은 상급지의 가격은 훨씬 더 올라 있을 것이다. 앞에서 이야기한 중계그린 사례처럼, 몇 천만 원을 더 벌려다가 몇 억 원을 더 들여야 하는 상황을 맞이해야 할 수 있다.

그래서 선택이 잘못되었다는 걸 알았다면 과감하고 빠르게 손절하고, 다시 재기를 노리는 것도 방법이다. 우물쭈물하면서 어중간하게 본전 생각을 하다간, 호미로 막을 걸 가래로 막는 사태가 벌어질 수도 있다. 열 번이든 백 번이든 잘해도, 단 한 번 결정적인 순간 실패하면 무너질 수 있는 게 투자다. 잘못된 선택인 걸 알아차렸다면 최대한 빠르게 대처해 거기서 빠져나와야 한다.

내가 투자하면서 포기한
세 가지

나의 몸빵 투자기를 읽으며 자연스럽게 의문이 들었을 것이다.

'대체 세금은 어떻게 한 거지?'

실제로 나는 투자를 하면서 비과세는 신경 쓰지 않았다. 비과세는 내가 더 나은 투자를 위해 포기한 세 가지 중 하나인데, 그 세 가지란 바로 비과세, 청약, 경매다. 누군가는 2년 이상 보유를 반드시 지키며 비과세를 받고, 조금이라도 더 저렴한 가격에 낙찰받기 위해 법원을 돌아다니지만 나는 과감히 다른 길을 택했다. 이는 물론 나의 선택일 뿐이며, 사람마다 상황은 다르기에 누군가에게는 비과세가 절실할 수도 있다. 먼저 나의 이야기를 들어보며 자신에게 맞는 전략은 어떤 것인지 생각해 보길 바란다.

타이밍을 위한 선택, 비과세 버리기

나는 처음부터 비과세를 생각하지 않았기에 2014년부터 본격적으로 보유 주택의 개수를 늘려가기 시작했다. 이유는 단순하다. 비과세에 집착하면 그 기간을 채울 때까지 좋은 기회가 와도 다른 곳에 투자하지 못하기 때문이다. 당시 나는 강남이나 마포구 같은 상급지에 우량주를 보유한 것이 아닌 이상, 물건 하나가 많이 오르는 걸 기대하기보다는 여러 개가 조금씩 올라 수익을 내는 편이 훨씬 높은 수익률을 가져오리라 생각했다. 실제로 그때에는 취득세와 보유세율이 낮았고 전세가율 80%를 넘는 아파트도 많아 소액 투자가 가능했기에 이는 적절한 전략이었다.

상승장에서 실거주 의무 기간을 채워가며 비과세 혜택을 받겠다는 것은 곧, 그 기간 동안 나의 자산을 대부분 실거주하는 집에 깔고 앉아야 한다는 뜻이다. 내가 전문직이거나 대기업에 다니는 맞벌이 부부라면 근로소득만으로도 상당한 수익이 발생할 테니 비과세 전략으로도 차근차근 상급지로 갈아탈 수 있을 것이다. 하지만 나는 어디에도 해당되지 않았기에 다주택 전략으로 조금씩 수익을 내는 편이 더 유리했다.

물론 지금은 취득세 중과라는 제도가 있고 보유세가 높아질 가능성이 큰 시기이기에 무리하게 주택 수를 늘리는 다주택 전략은 지양할 필요가 있다. 이재명 정부가 앞으로 어떤 새 부동산 정책을 내놓을지는 모르겠지만, 정책에 반하는 투자는 오래 가기 어려우므로 이를 유심히 지켜보고 신중하게 선택해야 할 것이다. 요점은 어느 전략이 지금 상황에, 그리고 나에게 부합하는지다.

나의 상황에 맞지 않는 선택, 청약 버리기

우리는 모두 청약에 당첨되기만 한다면 큰 시세 차익을 얻을 수 있으리라는 환상을 갖고 있다. 그래서 처음 부동산에 관심을 두기 시작한 사람들은 너 나 할 것 없이 끈질기게 청약에 도전한다. 그중 다수가 자신의 청약 점수가 몇 점인지 계산해 보지도, 신경 쓰지도 않은 채 말이다.

물론 청약 중엔 '로또급'이 있다는 걸 나도 잘 알고 있다. 하지만 나는 부양가족, 무주택 기간 등 어딜 뜯어보나 높은 청약 점수가 나올 만한 게 없었다. 즉, 당첨과는 거리가 먼 상황이었다. 그래서 나는 청약 가점을 채우느라 시간을 허비하기보다는 바로 행동을 취하기를 선택했다. 2014년에 서울·경기도에는 미분양이 꽤 있었다. 이 중에는 할인 분양을 하는 아파트 단지도 있었는데, 남양주의 힐스테이트황금산도 눈에 띄는 곳 중 하나였다. 일단 처음 분양가에서 무려 18% 가까이 할인을 해준다는 파격적인 가격이 매력적이었다. 그 밖에도 혜택이 많아 그날로 모델하우스에 가서 계약을 했다. 이후 이 단지는 입주하기 전 매수한 금액보다 1500만 원 정도 수익을 보고 매도할 수 있었다.

청약 점수가 높은 사람이라면 당연히 좋은 입지에 청약을 넣으며 당첨을 기다릴 수 있겠지만, 그렇지 않다면 다른 루트를 찾아야 한다. 열심히 땅을 판다고 해서 꼭 그곳에서 우물이 발견되리라는 보장은 없으니 말이다. 또한 청약은 당첨 후 경쟁률과 최고 가점을 모두 확인할 수 있다는 장점이 있다. 만약 고분양가인데도 경쟁률이 높았다면, 해당 지역에 다른 단지가 분양하기를 계속 기다리기보다는 주변의 기존 신축 아파트나 준신축 단지들을 빠르게 선점하는 것도 좋은 방법이다.

청약은 때론 아주 빠르게 흐름을 가져온다. 입지 대비 고분양가라며 많은 사람이 미분양이나 낮은 경쟁률을 예상했는데도 완판이 되는 경우, 심지어 높은 경쟁률이 나오는 경우 이는 순식간에 주변

힐스테이트메디알레 청약 결과(출처: 청약홈)

주택형	경쟁률	최고 가점	평균 가점
51B	4.75	64	51
51C	5.75	55	43.5
59A	8.86	69	59.47
59B	5.8	60	54.3
59C	14.36	66	60.5
74A	9.04	69	62.2
74B	4.71	62	48.75
74C	13	59	59
74D	25	65	65

에 영향을 미친다. 한 예로 2025년 5월에 분양한 서울 은평구의 힐스테이트메디알레(대조1구역)는 초등학교를 품었으며 3호선, 6호선 불광역 바로 앞이고 1군 건설사 현대건설의 대단지 아파트(2451세대)라는 우수한 조건으로 분양 전부터 큰 관심을 받았다. 그러나 평당 4500만 원의 분양가가 책정되자 '너무 고분양가'라며 논란이 일었고, 낮은 경쟁률을 예측하는 사람도 적지 않았다.

그러나 결과는 평균 경쟁률 8 대 1로, 모든 우려를 단번에 불식시켰다. 24평형의 경우 분양가가 11억 3000만 원 정도로 높은 편이었으나 이것이 완판되자 주변인 녹번동의 준신축 아파트들에 곧바로 반응이 왔다. 20평대 물건들이 순식간에 10개 이상 거래되며 가격 상단을 높여버린 것이다. 20평대가 올라 30평대와의 갭이 1억 5000만 원 정도로 줄자, 시간을 두고 30평대도 거래가 늘고 시세도 오르는 결과가 나타났다.

이처럼 사람들의 이목을 끄는 입지의 청약은 주변 기축의 거래에도 크게 영향을 미치므로, 청약에 떨어졌을 때 실망하는 데서 그치면 안 된다. 현실적으로 나의 청약 점수가 당첨을 기대할 수 있는 수준인지 냉정하게 바라보고, 아니라고 판단된다면 재빨리 주변 단지들을 선점해 함께 상승 흐름을 타야 한다.

타이밍과 상황에 맞지 않는 선택, 경매 버리기

마지막으로 나는 부동산 경매를 포기했다. 보통 투자자 중에는 경매로 투자를 시작한 경우가 많다. 사실 나도 2014년에 부동산 투자에 입문할 때 경매 수업을 들었지만, 딱 한 번 입찰에 참여하고는 경매 책을 던져버렸다.

물론 경매는 좋은 물건을 시세보다 훨씬 싸게 살 수 있다는 큰 매력이 있다. 하지만 문제는 역시나 타이밍이다. 입찰한다고 해서 다 낙찰받기도 힘들뿐더러, 일부 물건들은 권리 관계가 복잡해 이를 해결하는 데 적지 않은 공력과 시간이 들어가기도 한다. 이런 점을 고려했을 때, 매일 출근해야 하는 직장인이며 한시라도 빨리 여러 주택을 매수해 수익을 높여야 하는 내 상황에는 맞지 않는 종목 같았다. 그래서 재빨리 방향을 바꿔, 경매로 아파트를 사는 대신 급매로 나온 매물을 매수하는 전략을 선택한 것이다.

경매의 또 다른 단점으로는, 전체적인 흐름을 보지 못하고 단순히 물건의 권리 분석이나 감정가만 보고 들어가는 우를 범하기가 쉽다는 것이 있다. 어디까지나 큰 흐름을 따르되, 경매는 또 하나의 매수 방법으로만 바라봐야 한다. 경매라는 작은 장만을 보며 타이밍을 판단하면 좋은 시기를 놓칠 수 있으니 주의할 필요가 있다.

내가 치러야 할
기회비용을 생각하라

다시 한번 강조하지만 이 모든 것은 각자의 상황과 목적에 따라 달라진다. 아마 '기회비용'이란 말을 다들 알 것이다. 여러 가능성

중 하나를 선택했을 때, 그 선택으로 인해 포기해야 하는 가치를 비용으로 환산한 것이 기회비용이다. 그리고 내가 지금 말한 비과세, 청약, 경매 등은 '어떤 기회비용이 싸게 먹히냐'에 따라 해야 하는 선택이다.

만약 투자를 시작했을 당시 우리 부부가 가용할 수 있는 종잣돈이 5억 원 이상이고 한 달에 1000만 원 이상의 돈을 벌어들이는 전문직이거나 대기업 직장인이었다면, 우리에게도 비과세가 중요했을 것이다. 또 무주택 기간이 길고 부양가족이 많아서 청약 가점이 높았다면 좀 더 기다려야 하더라도 청약으로 승부를 봤을 것이고 말이다.

기회비용을 따질 때는 당연히 정부의 정책도 고려해야 한다. 만약 이재명 정부에서 추후 임대 사업자 대상으로 취득세를 감면해 주거나 보유세를 낮춰주는 등 괜찮은 당근을 던져준다면, 내 집 하나는 상급지에 마련해 두고 2주택, 3주택으로 주택 개수를 늘려가는 것도 하나의 방법일 것이다.

경매 또한 계속되는 입찰이나 복잡한 명도에 거부감이 없거나, 시간을 자유롭게 쓸 수 있는 사람이라면 고려해도 좋은 선택지다. 좋은 물건을 저렴한 가격으로 살 수 있는 유용한 방법 중 하나이니, 잘 활용하면 된다. 나의 성향, 상황, 무엇보다도 내가 치러야 할 기회비용을 잘 판단해 어떤 전략을 펼쳐나갈지 고민해 보자. 그저 남들이 2년 비과세 기준을 맞춰 투자하니 나도 철저히 비과세 기간을 지키고, 누군가가 로또 청약에 당첨되었다는 말에 무작정 청약에 도전하는 식의 줏대 없는 투자만 경계하길 바란다.

> 흥샘's TIP

투자에는
연어 정신이 필요하다

연어는 강에서 태어나지만 다 자란 후 바다로 가서 산다. 그러다가 알을 낳을 때가 되면 다시 자신이 태어난 강으로 거슬러 올라간다. 물론 이 길을 가기는 쉽지 않다. 연어가 튀어 오르기만을 기다리는 수많은 포식자가 곳곳에 도사리고 있고, 강을 거슬러 올라가면서 거친 돌바닥 때문에 온몸에 상처를 입기도 한다. 그럼에도 연어는 그 힘든 길도 기꺼이 감수하며 강으로 올라간다. 왜 그러는 걸까?

연어가 강을 거꾸로 거슬러 오르는 이유

2014년에서 2015년 초 사이, 내가 한창 집을 사러 다닐 때였다. 매도인들에게 왜 집을 매도하시냐고 여쭈면 대부분이 '부동산으로 돈을 버는 시기는 끝났다'는 이유를 말하곤 했다. 특히 학군지에 가면 내 집을 팔긴 하지만 그곳에서 계속 전세를 살고 싶어 하는, '점유개정'을 원하는 사람들이 눈에 띄게 많았다. 학군지이니 아이를 키우고 살기에는 좋지만 집값은 계속 내려갈 것이므로, 계속 거주하되 자산은 현금화하고자 내린 선택이었다. 하지만 이런 예상과는 다르게 그 후로 서울은 본격적인 상승세를 보였다. 시간이 지날수록 전세가와 매매가 모두 오르기 시작했고, 2020~2021년에는 너도나도 불나방처럼 불장에 뛰어들었다.

 2016~2017년에 대전을 갔을 때도 상황은 비슷했다. 둔산동은 대전의 강남으로, 학군도 학원가도 뛰어난 데다 상승할 여력이 충분했는데도 정작 대전 사람들은 '여기는 지방이고 오래된 아파트라 집값은 떨어질 일만 남았어요'라며 고개를 저었다. 그러면서도 여전히 그곳에 살기는 원하니, 매매가는 보합 상태였지만 전세가만 계속 올라 매매가와 전세가가 거의 비슷한 수준에 이르렀다. 그러다가 둔산동의 아파트 가격은 2018년부터 크게 오르기 시작했고, 약 2년이 더 흐르자 관망하던 사람들도 앞다퉈 집을 사들였다.

 그런가 하면 2022년 여름부터 겨울까지, 시장이 식었을 때는 완전히 반대의 양상이 나타났다. 이때는 서울 부동산에 너무 거래가 끊겨 정부

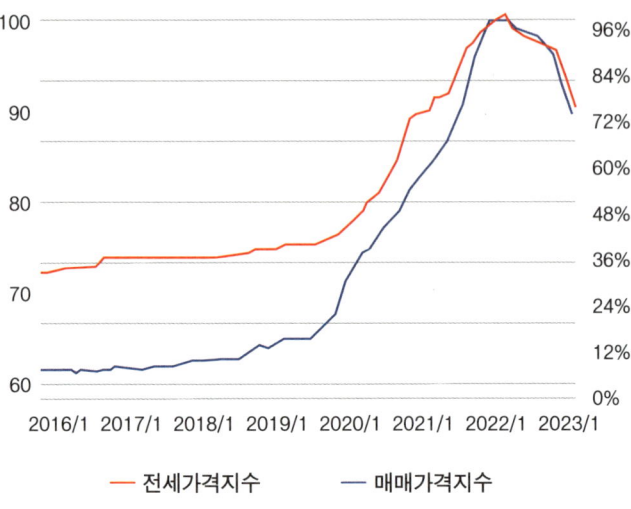

2016~2023년 대전 서구 매매·전세가격지수(출처: 아실)

가 부동산 관련 규제를 완화하고 대출 규제까지 풀어버린 시기였다. '이제 집을 좀 사줄래?'라는 시그널을 보낸 것이다. 그럼에도 올림픽파크포레온(둔촌주공 재건축), 장위자이레디언트(장위4구역), 철산자이더헤리티지(철산주공8, 9단지)는 모두 미분양이 났다. 올림픽파크포레온의 34평형 분양가는 약 13억 원대로, 분양 당시(2022년 12월) 바로 인근 단지인 올림픽선수기자촌 같은 평형이 16억 원대에 거래된 걸 생각하면 분명 저렴한 분양가였다. 올림픽선수기자촌이 1988년도 준공된 구축인 걸 고려하면

13억 원대의 분양가는 '파격'이라고도 말할 수 있었다. 그럼에도 사람들은 더 떨어져서 할인 분양을 할 거라 기대했고, 철산자이더헤리티지 분양가(약 10억 원대)도 비싸다고 아우성이었다. 이 시기에는 부동산 전문가들도 계속 더 떨어질 것이라고 주장했다.

하지만 2023년 2월이 넘어가며 미분양 물량은 생각보다 빠르게 소진되기 시작했다. 그리고 서울 부동산 거래량이 다시 상승하며 사람들은 당황했다. 철산자이더헤리티지보다 더 안 좋은 입지에 분양한 광명자이더샵포레나(광명1구역)가 완판되자 부동산 전문가들은 다시 반등을 주장했고, '서울 부동산 시장이 드디어 바닥을 지났다'는 기사도 쏟아져 나왔다.

시장의 근본적인 변화는 눈에 띄지 않는데, 왜 사람들은 몇 달 전까지만 해도 관망만 하다가 갑자기 부동산 가격이 오를 거라고 태세를 바꾼 걸까? 이는 '심리' 때문이다. 심리는 부동산 가격을 결정하는 보이지 않는 지표다. 인간은 사회적 동물이라, 중요한 결정을 할 때 주변의 시선을 의식하고 다수의 행동을 따르려는 경향이 있다. 이를 '군중심리'라고 한다. 예컨대 길을 걷다 세 사람이 하늘을 올려다보면 나도 모르게 그 방향을 함께 바라보게 되는 것처럼 말이다. 사람들은 집단에서 소외되지 않으려 하고, 다수와 같은 선택을 할 때 더 안전하다고 느낀다. 그래서 결국 시장도 심리에 따라 움직이는 것이다.

 하지만 우리는 모두 연어처럼 남들과 다른 길을 택할 필요가 있다. 연어가 바다까지 나갔다가도 굳이 거센 강을 거슬러 올라오는 것은 알을 낳기에 그곳이 더 안전하기 때문이다. 그 선택 덕분에 더 많은 생명을 남길 수 있었고, 종의 번성을 이뤄냈다. 연어는 단순히 생존하기 위해서가 아니라, 번식의 퀀텀 점프를 위해 목숨을 건 결정을 한 것이다. 그렇다면 자산의 퀀텀 점프를 원하는 우리도, 연어처럼 남들과 다른 선택을 할 용기를 내야 하지 않을까?

모두와 다른 선택을 하는 용기가 수익을 만든다

 2017년 문재인 정부가 들어서고 각종 규제가 나오던 시절, 나는 정말 강심장의 여인을 만났다. 그때 나는 서울 신축 아파트의 분양권을 매수한 상태라 구축을 하나씩 정리하며 자금을 모으고 있었다. 하지만 정부의 규제 때문에 시장이 보합세를 보이던 시기라 집이 쉽사리 나가지 않았다. 성북구의 나 홀로 아파트 중앙하이츠를 처분하기 위해 6개월쯤 기다렸을 때쯤 한 여사님이 나타났다.

 꽃무늬 바지에 편한 검은색 조끼를 걸친 여사님은 투자자와는 거리가 멀어 보이셔서, 내심 '아들 집 사주러 오신 분인가?' 생각했다. 당시는 전업 투자자들도 정부의 동향을 살피느라 섣불리 집 개수를 늘리지 않을 때여서 투자자라고는 생각도 하지 못했다. 그런데 여사님은 자리에 앉자 장바구니처럼 생긴 커다란 짐 가방을 올려놓으시더니, 그 가방에서 5만 원짜리 돈다발을 꺼내셨다. 현금 3000만 원을 말이다. 순간 어안이 벙벙해졌다. 부동산 거래를 여러 번 했지만 계약금을 현금으로 받아본 적은 처음이었다. 그러시더니 오늘 계약할 부동산만 여섯 개라며, 다음 약속까지 한 시간밖에 안 남았으니 빨리 처리해 달라는 것이었다. 나는 정말 당황했다. '하루에 부동산 계약을 여섯 개나 한다고? 그럼 저 가방에 돈을 다 들고 온 거야?'

나는 계약서를 쓰며 계속 규제가 나오는데 이렇게 집을 많이 사셔도 되냐고 슬쩍 여쭈었다. 그러자 여사님은 웃으며 대답했다.

"오메, 총각. 이 돈 남편 몰래 모아놓은 돈이여. 어차피 은행에 넣어두면 걸릴 테니까 그냥 집으로 바꿔놓는겨. 아니 무슨, 세금 많이 나오면 어때. 그리고 규제 더 나오면 집을 더 못 사게 하것제. 그럼 지금이라도 사놔야 할 거 아닌감?"

절차를 마친 여사님은 빠르게 부동산을 나가 다음 약속 장소로 향하셨다.

알고 보니 여사님은 경기도 소도시에서 꽤나 큰 터미널을 운영하는 분의 아내라고 하셨다. 남들이 모두 '좀만 더 지켜보자'고 망설이던 그때 여사님은 집을 매수할 용기를 내셨다. 매수가는 3억 3000만 원이었는데, 현재 그 집의 가격은 5억 7000만 원 선이다. 여사님 말대로 그 후 규제가 늘어나면서 서울에 집을 사기는 더욱 어려워졌다. 모두가 주저할 때 냈던 그 용기가 탁월한 선택이었던 것이다.

익산에서 만난 타이밍 고수 소장님도 재미있는 이야기를 들려주셨다. 가장 한기가 돌던 2023년 1월에 잠실리센츠를 매수하셨다는 말씀에, 내가 대번에 한 말은 이것이었다.

"아니 소장님, 1월에 어떻게 리센츠를 매수하셨어요? 다들 더 떨어진다고 난리였는데……."

"딱 봐봐. 19억 원. 싸, 안 싸? 내가 가진 예산이랑 맞아, 안 맞아? 그래서 산 거지. 그리고 고점보다 거의 30% 가까이 떨어졌는데 그 정도면 충분히 떨어졌다고 생각했지. 물론 더 떨어질 수도 있지만 어차피 우리 딸이 실거주할 거니까. 길게 보면 다시 예전 가격 회복하겠지."

나는 이 두 분과의 만남에서 정말 많은 인사이트를 얻었다. 다른 사람이 뭐라고 떠들든 듣지 않고, 내 소신대로 투자하고 결과에 대한 책임은 달게 지는 그 모습이 무척 멋졌다. 물론 다른 사람의 말을 참고하는 정도야 할 수 있지만, 그 때문에 결정적인 선택을 하면 안 된다. 아무리 똑똑하고 대단한 사람이 조언을 해준다 해도 그 투자 결과에 책임을 지는 사람은 결국 나이기 때문이다. 그래서 투자는 내가 선택하고 내가 해나가야 한다. 주변의 말에 흔들리며 군중심리에 빠질 필요가 없다.

나는 돈을 벌고 싶다면 대중과 반대의 길을 선택해야 한다고 생각한다. 군중심리를 뚫을 수 있는 용기를 가진 자만이 부자가 될 수 있다. 처음 부동산 투자에 뛰어들었을 때, 서울의 부동산 분위기는 너무나 안 좋았기에 나를 믿어주는 사람은 아무도 없었다. 심지어 아내조차 이런 무모한 짓을 하는 이유가 뭐냐고 말렸다. 그럼에도 나는 연어의 길을 선택했다.

너도나도 부동산이 불장이라고 외치며 뛰어들 때는 마음을 다잡으며 시장을 관망하는 자세도 필요하고, 모두가 '이젠 글렀다'고 말할 때 과감히 뛰어들 야수의 심장도 필요하다. 적어도 투자에서만큼은 모두가 아니라고 할 때 'Yes'를, 모두가 맞다고 할 때 'No'를 외칠 수 있어야 한다. 모두가 안전하다고 말한다 해서, 모두 '지금이 기회'라고 말한다 해서 곧이곧대로 믿어서는 안 된다. 선택의 주체는 언제나 나다. 친구 따라, 동료 따라 분위기에 휩쓸려 계약하는 우를 범하지는 말길 바란다.

PART 5
행복한 투자를 지속하기 위해 기억해야 할 것들

조급함과 탐욕을
가장 조심해야 한다

내가 본격적으로 서울을 둘러보며 부동산 투자를 시작한 건 첫 투자인 2014년 천안의 월세 투자를 실패하고 난 후, 2015년부터였다. 알아볼 때마다 투자하기 좋은 물건이 하나씩 사라지면서 가격이 오르는 게 보였다. 계속 조급한 기분이 들었다. 눈앞에서 없어지는 매물과 점점 올라가는 가격을 볼 때마다 나의 불안감은 더욱 올라갔다.

당시 서울은 자고 일어나면 올라 있을 만큼 전세가가 상승세를 보이던 상황이어서, 잔금일을 최대한 늦게 잡아 내가 원하는 전세가가 나올 때까지 기다렸다가 적은 금액으로 투자하는 방법을 사용했다. 그때 나는 눈만 뜨면 투자 물건을 보러 가곤 했다. 지금과 같은 기회가 영영 다시는 오지 않을 것 같았고, 내 시나리오대로라면 부자가 되는 것은 시간 문제였다. 인생 역전의 신화가 코앞에 있는 것처럼 느껴졌다.

하지만 2015년 여름, 부동산 대책이 하나 나온 후부터 매매가와 전세가가 모두 횡보하기 시작했다. 엎친 데 덮친 격으로 내가 투자한 단지에 투자자들이 물밀듯이 들어오면서 전세 물건도 넘쳐나는 상황이 벌어졌다. 완벽한 줄 알았던 나의 시나리오에 문제가 생긴 것이다. 눈앞이 캄캄해진 나는 불면증으로 밤을 지새웠다. 내 앞에는 잔금을 해결해야 할 물건이 세 개나 있었다.

다행히 하나는 무사히 해결했으나 두 번째 물건은 부동산 소장님에게 3000만 원을 빌려야 했고, 세 번째 주택은 신용대출을 최대로 받아 겨우 해결했지만 처음에 예상했던 투자금보다 3000만 원이나 더 들여야 했다. 몇 번의 성공 경험으로 완전히 자만에 빠져 있었던 것이다. '잔금은 어떻게든 되겠지'라는 안일한 마음으로, 어떤 리스크도 생각하지 않은 채 시장을 긍정적으로 바라본 게 화근이었다. 그 후 나는 투자금을 다 소진해 6개월 정도 투자를 할 수 없었는데, 이 기간 동안 지금까지 보지 못했던 좋은 조건과 가격의 물건들이 숱하게 쏟아져 나오는 것을 지켜봐야만 했다.

과욕으로
매도 타이밍을 놓치다

시간이 흘러 2018년, 서울과 경기도에 폭등장이 연출되기 시작했다. 그해 여름 정말 매일같이 평촌 물건을 매도하라는 전화를 받았다. 나는 또다시 조급해졌다. 이번에는 매수가 아닌 매도였지만, 탐욕에 가득 차 '조금만 더, 조금만 더'를 연발하며 매도를 미뤘다. 하지만 평촌이 조정지역으로 지정되고, 9·13 대책까지 나오면서 내 시나리오는 결국 또 빗나가고 말았다.

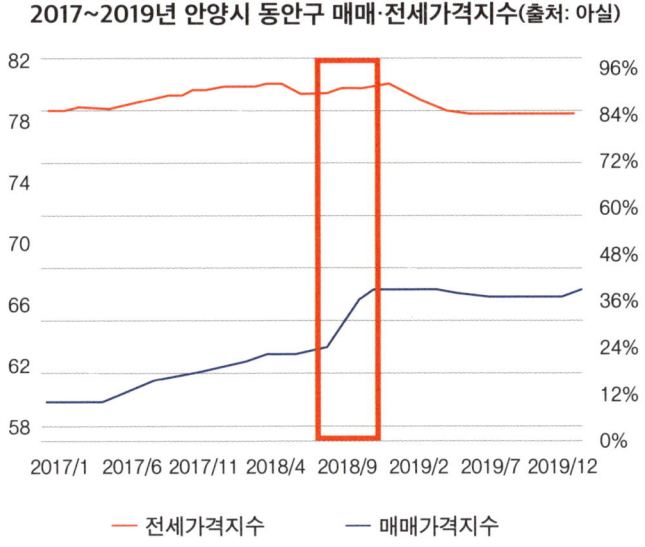

2017~2019년 안양시 동안구 매매·전세가격지수 (출처: 아실)

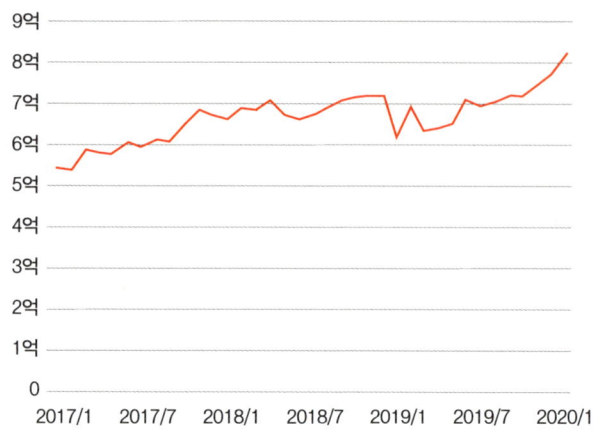

2017~2019년 귀인마을현대홈타운 33평형 매매가 추이 (출처: 아실)

259~260페이지의 두 그래프에서 볼 수 있듯이 평촌 일대의 아파트는 2018년 여름부터 일제히 급격한 상승을 보였지만 상승세는 불과 몇 달 만에 멈추었다. 다행히 다시 뚝 떨어지는 일은 없었지만, 나의 바람과 달리 더 높은 가격으로 올라가지는 않았다.

끝없어 보이는 상승도
언젠가는 끝나기 마련이다

그때 이후로 투자에서는 무엇보다도 조급함과 탐욕을 조심해야 한다는 점을 깊이 배울 수 있었다. 매수할 때는 '어서 빨리 잡아야지', 매도할 때는 '조금만 더 올려 받아야지' 이런 조급함과 탐욕만 잘 다스려도 투자에서 일단 절반은 성공한다고 말할 수 있다.

건물 투자를 하시는 분과 식사를 한 적이 있다. 그분은 2020년에 강남 역삼동의 건물을 사서 2022년 초에 꽤 많은 수익을 남기고 판 지인의 이야기를 들려주셨다. 나는 감탄하며 어떻게 그런 완벽한 타이밍에 엑시트를 할 수 있었느냐고 물었다. 대답은 의외였다.

"그분 30억 원대에 사서 70억 원대에 팔고, 100억 원 건물 사서 거기서 물렸어요."

그렇다. 끝없이 고공 행진할 것 같아도 상승에는 언제나 끝이 있기 마련이다. 그 시기에 조급함과 탐욕을 경계하지 않으면 '물리는' 일은 누구에게나 발생할 수 있다. 완벽한 타이밍에 들어가 완벽한 타이밍에 나오기는 쉽지 않다. 설령 처음에는 탁월한 타이밍을 맞춘다 해도, 이는 초심자의 행운일 가능성이 높다. 투자를 하면 할수록 욕심을 줄여야 한다. 자산이 커질수록 레버리지는 적게 투여하고, 대출을 조금씩 갚아나가며 부채를 줄여야 한다. 돈이 들어오는 시기는 찰나다. 그 시기가 곧 끝날 수 있다는 걸 언제나 기억하고 리스크에 대응할 방법을 마련해 놓아야 하락장이 와도 무너지지 않는다.

아마 2021년, 끝없이 오를 것 같은 시장을 보며 너도나도 마음이 급해진 경험이 있을 것이다. 막차를 타야 한다는 조급함에 많은 무주택자가 소위 '영끌'로 집을 샀고, 투자자들 역시 지식산업센터를, 건물을, 그림을 샀다. 그런 시장에서는 투자자와 실수요자 모두 조급해진다. 하지만 지난 몇 년간 봤듯이 파티는 생각보다 빠르게 끝났고, 높았던 산만큼 골도 깊었다. 상승장의 한가운데에 서면, 기회가 오직 지금뿐이며 다시는 오지 않을 것처럼 느껴지지만 기회는 계속 온다. 그때가 기회인지 눈치채지 못했을 뿐이다. 그러니 조급해하지 말고, 나만의 기회와 타이밍을 기다리자.

무플보다
악플이 낫다

 2022년 초의 대선 후보 토론을 기억하는 사람이 있을까? 팽팽한 기싸움과 진영 싸움으로 혼돈 그 자체였다. 대선 토론 이후 이재명 후보와 윤석열 후보의 지지자들은 두 후보에 대한 응원 또는 비방으로 인터넷을 후끈 달구었다. 반면 심상정 후보는 악플은커녕, 있는지 없는지도 알 수 없는 존재감으로 '무플의 여왕'이 되었다. 대선 토론 중 지명 토론을 진행할 때도 마찬가지였다. 누구도 심상정 후보에게 관심을 가지지 않았다.

 결국 심상정 후보는 2.37%의 초라한 득표율로 물러난 반면, 악플이 가득했던 이재명, 윤석열 두 후보는 불과 0.73%의 득표율로 당선이 갈렸을 만큼 치열한 접전을 벌였다. 이를 보며 '무플보다는 악

풀이 낫다'는 웃지 못 할 농담을 떠올릴 수밖에 없었다.

'욕세권 아파트'는
언젠가 수익을 가져다준다

부동산 투자를 하다 보면 유독 욕을 먹는 아파트 단지를 발견한다. 앱 '호갱노노'에는 아파트 단지마다 의견을 쓸 수 있는 게시판이 있는데, 어떤 아파트는 새로 분양하는 아파트인데도 별 의견 없이 조용한 반면 또 어떤 아파트는 각종 원색적인 글과 댓글로 사람들끼리 치열하게 공방을 벌이기도 한다. 이런 곳을 흔히 '욕세권'이라고 한다. 그런데 재미있게도 그렇게 아파트를 욕하며 깎아내리기 바쁜 사람들은 주로 해당 지역에 사는 주민들이다. '저 촌동네를 왜 사', '저 오래된 아파트를 왜 그렇게 비싸게 사' 하는 식이다.

일례로 2020년 초에 분양한 경북 경주의 두산위브트레지움과 경남 마산의 창원월영마린애시앙(마산월영부영)은 욕세권의 반열에 올라 대거 미분양이 났다. 창원월영마린애시앙은 마산에서 외곽에 위치해 있다는 근거 있는 비판도 있었지만, 그 밖에도 도색이 왜 저 모양이냐는 등, 부영건설 회장은 취향이 특이하다는 등 '어영부영'

이라는 별명까지 생기며 갖가지 욕을 다 먹었다. 하지만 결국 미분양은 해소되었다. 34평형 기준 3억 원 초반대에 분양한 창원월영마린애시앙은 2022년 5월 5억 원이라는 고점을 기록했고, 34평형 기준 3억 원 중후반대에 분양한 경주 두산위브트레지움도 2022년 1월 5억 1700만 원까지 올랐다. 아마 미분양 시기 '줍줍'으로 혜택을 봐서 매수한 사람들은 적절한 타이밍에 매도했더라면 큰 수익을 봤을 것이다.

투자는 나비가 되려는 번데기를 기다리는 일

특정 아파트 단지가 욕세권이 되기도 하지만, 동네 전체가 욕세권인 곳도 있다. 2016년, 나는 서울 영등포구의 신길뉴타운 매수를 알아보고 있었다. 반지하 빌라에서 '몸빵'을 하면서 재개발을 기다릴 심산이었다. 계획을 이야기하자 아내는 '하다하다 그런 조선족 동네까지 가서 살아야 하냐, 평범하게 살면 안 되는 거냐'며 심하게 반발했다. 주변 사람들 대부분도 강하게 만류했다. 한글보다 한자로 된 중국어 간판이 많은 조선족 동네라는 말부터 오죽하면 신길을 배경으로 영화 〈범죄도시〉가 나왔겠냐는 말까지, 말 그대로 가루가 되도록 신길뉴타운을 비난했다. 아내의 반대에 나도 신길뉴타운 몸빵 투자는 시도하지 못했다.

그러나 몇 년이 지나 신길뉴타운이 완성되자 부동산으로 유명한 네이버 카페에서는 심심찮게 '신길뉴타운이 나을까요, 마포가 나을까요?', '신길뉴타운이랑 강동구 중 어디로 이사 갈까요?' 같은 글들이 올라오기 시작했다. 뉴타운이 완성되어 주변이 깨끗이 정리되고, 신림선 경전철이 개통되며 신안산선까지 착공하자 사람들이 신길을 완전히 다르게 대하기 시작한 것이다.

청량리뉴타운도 비슷했다. 2019년 6월 청량리에 들어설 주상복합 중 하나인 청량리역한양수자인그라시엘은 크게 미분양이 나서 선착순 줍줍을 진행했다. 36평형의 분양가는 약 10억 원이었는데, 당시 청량리에는 여전히 집창촌과 재래시장이 있는 낙후된 동네라는 이미지가 있어서 '여기를 10억 원 주고 살 바에는 차라리 좀 더 주고 마포구나 성동구에 가서 살겠다'는 말이 많았다. 그때 마포래미안푸르지오의 시세는 34평형 기준 13억 원 중반대 정도였다. 하지만 이 주변이 크게 개발될 거라는 걸 안 지인은 선착순 줍줍에 참여했고, 당첨되어 실제로 입주까지 했다.

현재 청량리역 주변은 그때와 판이하게 바뀐 모습이다. 미분양이

2019년 9월, 임장 당시 정리한 청량리뉴타운 시세 지도

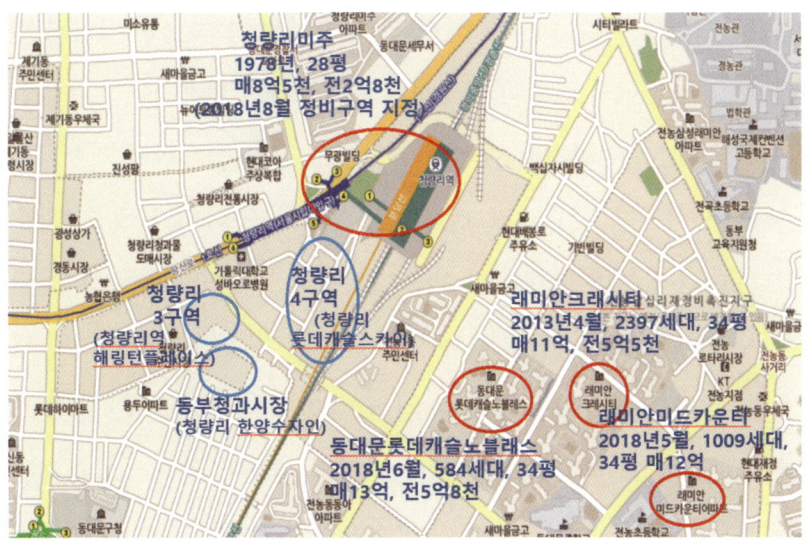

었던 청량리역한양수자인그라시엘이 59층의 멋진 모습으로 재탄생하며 옛 동부청과시장의 흔적을 지웠고, 청량리3구역과 4구역에도 각각 40층 규모의 청량리역해링턴플레이스와 65층 규모의 롯데캐슬SKY-L65가 입주했다. 혐오 시설이었던 집창촌도 당연히 철거되었다. 현재 청량리는 40층 이상의 고층 건물이 10개나 들어오며 강북의 스카이라인을 새로 바꾼 모습이다. 2025년 9월 현재 청량리역한양수자인그라시엘의 시세는 17억 원 중반대 이상으로, 만약 분양을 받았다면 6년 만에 7억 원 정도의 시세 차익을 맛봤을 것이다.

욕세권이 생기는 이유는 대부분이 어느 지역이든 '현재'만 보고 평가하기 때문이다. 하지만 실제 투자 수익은 그 처참한 지역의 미래에 있다. 중국어 간판이 가득하던 골목도 환골탈태하면서 수익을 가져다주고, 노후화되어 들어가기 무서운 골목도 개발이 진행되며 '잭팟'이 터진다. 번데기만 보고는 그것이 어떤 나비가 될지 알 수 없다. 시간이 지나 번데기를 벗고 나와야만 그것의 진가를 알게 되기 마련이다. 그 기다림의 시간에 내 돈을 투자하는 것이다. 지금 관심 있게 바라보고 있는 곳이 욕을 많이 먹고 있다면, 이는 달리 보면 사람들의 관심이 쏠리고 있으며 많은 사람이 지켜보고 있다는 증거다. 혹시 지금 이 순간도 어떤 도시나 단지를 단순히 현재만 바라보며 욕하고 있지 않은가? 거기가 미운 오리일지, 백조가 될지는 천천히 두고 볼 일이다.

트렌드를 쫓는 투자는 금물이다

내가 잘하는 걸 계속하는 것과 새로운 것에 도전하는 것 중 어떤 게 나은 선택일까? 사업이든 투자든 정답은 없다. 하지만 일정 수준까지는 내가 잘하는 분야에서 자산을 확장하는 것이 중요하다. 다른 영역으로의 확장은 경험과 성과를 쌓으며 자신감이 붙은 후에, 또 어느 정도의 자산 규모를 갖춘 후에 시도해야 하다. 그마저도 급하지 않게, 천천히 단계를 밟아야 한다.

투자를 하면서 어느 정도 경험이 생기고 자신이 붙으면 슬그머니 욕심이 들기 시작한다. 내게도 그런 고민이 들었던 시점이 있었다. 2020년, 자산 규모가 커지고 주거형 부동산에서 경험이 쌓이자 건물이나 지식산업센터, 상가 같은 새로운 영역에도 도전해 보고 싶다는 욕심이 생긴 것이다. 하지만 결국 나는 기존에 잘하던 분야에서 투자를 이어가기로 했다. 나의 강점을 더 단단히 다지는 길을 택한 것이다. 나와 달리 그 시기 많은 투자자가 도전을 선택했다. 누군가는 크게 레버리지를 일으켜 건물 투자를 했고, 또 누구는 지식산업센터로 방향을 틀었다. 모든 자산 가격이 오르기 시작하자 조급증을 느끼는 사람들은 당시 트렌드를 따라 1000~3000만 원의 소액으로 서울이나 인천의 노후 빌라를 사서 전세를 놓거나, 지방 중소도시에 역시나 1000~2000만 원의 소액으로 공시가 1억 원 미만의 저가 아파트를 사는 식으로 개수 늘리기를 해나갔다.

그러나 나는 경험상 새로운 종목에 급하게 뛰어들면 한 번쯤은 크게 실패한다는 걸 알고 있었다. 그래서 나와 비슷한 자산 규모와 경력을 가진 이들이 다른 투자에 도전했을 때 어떻게 되는지를 유심히 관찰하고 그 결과를 지켜보기로 했다. 2년 반이 지나자 많은 이들이 제자리로 돌아왔다. 거의 한도에 꽉 차게 레버리지를 일으켜 건물을 산 사람들은 치솟는 대출 이자를 감당하지 못해 결국 매도를 선택했고, 지식산업센터 투자자들 역시 공실과 대출 이자 때문에 계약금을 포기하고 마피에 매도하기도 했다. 노후 빌라와 오피스텔, 공시가 1억 원 미만 아파트도 시장에서는 여전히 외면받고 있다. 물론 이제는 서서히 상승의 온기가 돌기 시작했지만, 이런 종목은 언제나 상승장 끝물이 되어야 타이밍이 온다. 이런 곳에 투자한 이들은 아마 앞으로도 꽤나 오랫동안 인내의 시간을 보내야 할 것이다.

트렌드를 쫓지 말고 흐름을 타라

투자자를 위험에 빠뜨리는 요인은 명확하다. 잘 모르는 종목에 급하게 진입하고, 큰 레버리지를 일으키며, 이번 장에서 반드시 승부를 내야겠다는 탐욕을 품는 것. 이 세 가지만 다스려도 실패 확률은 크게 줄어든다. 물론 초기엔 종잣돈이 부족하니 대출을 내는 등 어느 정도 무리를 감수해야 하겠지만, 시간이 갈수록 늘어난 자산을 지키는 투자를 해야 한다. 아무리 공격을 잘해도 수비를 못하면 아무 짝에도 쓸모가 없는 법이다.

보여주기식 투자가 아니라 나의 자산과 상황에 맞는 투자를 하기를 권한다. 투자는 흐름을 타는 것이지, 트렌드를 쫓는 것이 아니다. 당장 유행한다고 해서 트렌드를 따라 섣불리 투자했다가는 오도 가도 못하는 상황을 맞을 수도 있다. 2023년 한창 탕후루 창업이

유행했을 때를 생각해 보라. 짧은 기간에 우후죽순 생겨나더니, 금세 치킨게임에 들어가고 불황이 찾아오면서 지금은 길거리에서 탕후루 집 하나를 찾기도 어렵게 되었다. 트렌드가 왔다 지나간 자리에는 대체로 손실만 남는다.

주식과 코인에 테마주가 있듯이 부동산도 마찬가지다. 규제 때문에 아파트가 묶이자 오피스텔이 떴고, 다시 주거형 부동산이 묶이자 지식산업센터가 떴다. 그 후 50만 이상 도시가 규제되자 20만 인구의 소도시까지 자금이 흘러갔다. 그 결과는 참담했다. 오피스텔에서, 지식산업센터에서, 땅 끝에 있는 소도시에서 투자자들은 지금까지 벌었던 재산을 다 잃었다. 대표적인 사례가 앞에서도 이야기했던 경남 거제의 더샵거제디클리브다. 2021년, 조선업 호황을 기대한 많은 투자자가 몰려들었지만 2024년 2월 입주장을 거치면서 시세가 마피 1억 원까지 내려갔다. 거제는 어느새 '투자자들의 성지'에서 '투자자들의 무덤'이 되었다. 투자자들은 1억 원의 손해를 감수하고 손절하거나, 등기라도 해야 손해를 확정 짓지 않으니 울며 겨자 먹기로 등기를 쳐야 했다.

트렌드 투자, 틈새 투자, 테마 투자는 결국 다 한순간이다. 그런 상품들은 실수요 자체가 매우 적기 때문에 적절한 타이밍에 매도하기가 매우 어렵고, 결국 이는 투자자들을 시장에서 사라지게 만든다. 투자 타이밍은 다시금 오기 마련이다. 그런데 저런 물건에 자금이 묶여버리면 기회가 와도 놓치는 수밖에 없다. 실제로 활발하게 투자하던 지인들 중에도 이런 물건에 자금이 묶여 아까운 기회를 놓치거나, 맘고생을 심하게 한 경우가 많았다.

호황일 때
불황을 준비해야 한다

2020년 1월에 중국을 시작으로 코로나가 발병해 순식간에 전 세계를 덮쳤다. 호흡기를 통해 전파되는 코로나 특성상 사람을 대면하는 서비스업부터 무너졌는데, 서울의 대표적인 상권인 이태원과 압구정로데오 일대가 이때 큰 타격을 받았다. 이태원에서만 18년째 레스토랑을 운영하던 방송인 홍석천도 한때는 7개까지 레스토랑을 늘렸지만, 코로나는 못 버티겠다며 2020년 8월에 결국 마지막 남은 레스토랑인 '마이첼시'의 문을 닫는다고 알렸다. 나의 장인어른 또한 2000년대 초반 한창 액세서리 사업이 호황일 때 사업에 매진하시며 사업 확장에 주안점을 두셨다. 최근에 왜 그 호황기에 벌어들인 돈으로 다른 업종의 사업을 하거나 다른 곳에 투자하지는 않으셨냐고 여쭈니, 앞으로도 액세서리 사업이 계속 잘되리라 생각해 벌어들인 돈을 다시 재투자에 쓰셨다고 하셨다.

사업을 하다 보면 사업이 본격적으로 돈을 벌어들이는 시기가 분명 있다. 그때 많은 사람이 사업을 확장하고, 가게를 2호점, 3호점으로 늘린다. 하지만 사업도 투자와 비슷하기에 호황과 불황을 반복한다. 어떤 사업이라도 호황이 계속 이어지지는 않으며, 결국 생각지도 못한 불황기를 맞게 된다. 그때 다른 파이프라인을 준비해두거나 호황기 때 돈을 부동산에 묻어둔 사람과 그렇지 않은 사람의 결과는 매우 다르다. 호황기에 번 돈으로 다른 파이프라인을 준비한 사람은 불황으로 직격탄을 맞은 사업장을 지킬 수 있지만, 단순히 같은 업종으로 개수 늘리기나 사업장 평수를 늘리는 포지션만 취했다면 블랙스완에 결국 무너질 수밖에 없다.

투자도 마찬가지다. 2020년과 2021년 호황 때 투자금 1000만 원이나 2000만 원이 드는 소액 투자, 더 심하면 투자금이 아예 들지 않는 무피 투자로 수도권 빌라와 오피스텔 또는 지방의 공시가 1억 원 아파트를 매수하며 부동산 개수를 20개, 30개씩 늘리기만 한 사람들은 2022년 하반기부터 돌아오는 역전세로 다들 힘든 시기를 보내야 했다. 금리가 크게 오르면서 전세가가 내려가자 그때 투자했던 물건들이 지뢰가 되어 돌아온 것이다. 특히 오피스텔 분양권을 산 사람들은 법인 명의로는 대출이 나오지 않아 개인으로 명의를 돌리고 있으나, 그럼에도 여전히 대출 한도에 어려움을 겪고 있다. 전세 사기가 사회적 이슈로 불거지며 다세대 빌라 투자자들에게도 문제가 생겼다. 정부가 보증보험 가입 요건을 강화하면서 빌라의 경우 전세가가 공시가격의 126% 이하일 때만 보증보험에 가입할 수 있도록 규제한 것이다. 대다수의 세입자가 전세보증보험에 가입하기를 원하니, 세입자를 들이려면 울며 겨자 먹기로 전세가를 내리는 수밖에 없었다. 그러면서 집주인들은 강제로 역전세를 맞아야 했다.

 부동산 호황기 비과세 혜택을 받으며 상급지로 한 발씩 이동하는 사람들을 어떤 이들은 바보라고 조롱했다. 2년의 일반 과세 기간을 지키며 개인 명의로 묵묵히 투자하는 사람들도 같은 조롱을 당했다. 그러나 시간이 흐르자 전세는 역전되었다. 그 '바보'들이 살아남아 기회를 손에 쥐었다. 상승장일수록 불황을 대비해야 한다. 수익이 나면 수익의 일부로 부채를 조금씩 상환하고, 현금 비중을 늘리며 수요가 약한 구축 아파트나 노후 빌라, 오피스텔 같은 상품은 하나씩 정리해 가는 것만이 불황에 대비하는 길이자 이 시장에서 오래 살아남는 방법이다.

 은평구 구산동에는 유명한 반찬가게가 있다. 손맛이 좋기로 소문난 주인 아주머니 덕분에, 가성비 좋은 반찬을 찾는 인근 주부들로 항상 문전성시를 이루는 곳이다. 이런 상황이면 아마 대부분이 가게를 확장하거나 2호점을 내기 마련이다. 하지만 3년 뒤 다시 찾았을 때, 아주머니는 여전히 3년 전 가게 그대로의 모습이었다. 알고 보니 가게를 확장하는 대신 반찬으로 번 수익에 약간의 대출을 얹어 가게 건물을 사버렸다고 하셨다. 이후 코로나가 터지고 경기가 침체되며 식자재 값이 급등했지만, 임대료 부담이 없는 아주머니는 반찬 가격을 예전 그대로 유지하며 오히려 더 많은 사랑을 받고 있었다.

호황은 영원하지 않다. 사업이든 투자든, 잘될수록 도취하기보다는 그 시기가 바로 불황을 준비해야 할 시점임을 기억하며 '살아남을 방법'을 고민해야 한다. 투자는 사고팔기만 반복하는 선수들이 아니라, 시장에 오래 머무르는 사람들의 게임이다. 조급함을 내려놓고 자신의 속도에 맞게 투자하자. 트렌드를 쫓지 않고, 검증된 흐름을 따라가며, 자산을 안전하게 지켜내는 사람들이 결국엔 가장 멀리 간다.

몰빵 투자 vs. 분산 투자

투자를 하다 보면 한 번씩 전설의 투자자를 만날 때가 있다. 2020년 초에 충북 청주의 청주모충LH트릴로채가 대량 미분양이 났을 때 전라도에서 온 한 투자 고수가 무려 스무 채를 샀다. 그리고 코로나 시기 시중에 유동성이 풀리면서 청주 부동산 시장도 상승했을 무렵, 그는 상당한 시세 차익을 남기고 모든 물건을 매도했다고 했다. 이 소식을 들었을 때는 실로 그의 놀라운 투자 타이밍과 큰 배포에 놀라지 않을 수가 없었다.

그렇다고 해서 이런 '몰빵 투자'가 좋다고 말하기는 조심스럽다. 시기가 아주 좋을 때는 극도로 큰 수익이 따라오지만, 반대로 상황이 내 생각대로 따라주지 않는다면 돌이킬 수 없는 위기를 맞이할 수 있다. 몰빵 투자는 연륜과 지식, 운의 완벽한 컬래버레이션이 필요한 영역이다.

부동산 투자에서의
분산 투자

실제로 많은 분들이 몰빵 투자와 분산 투자 중 무엇을 해야 할 때인지를 많이 물어보신다. 그럴 때면 '부동산 초보시라면, 보지 못하는 변수들이 상대적으로 많을 수 있으니 분산 투자를 하는 편이 좋다'고 추천한다. 수많은 주식 투자의 대가들이 말했듯 '한 바구니에 달걀을 다 담지 말라'는 것이다. 부동산 투자를 하다 보면 진짜 마음에 드는 아파트를 발견하게 된다. 이를 매수할 때면 한 채가 아니라 여러 채를 사면 어떨까 하는 욕심이 들기도 한다. 그럼에도 나는 꾹 참고 분산 투자의 원칙을 반드시 지킨다.

부동산 투자에서의 분산은 여러 의미가 있는데, 지역의 분산과 종목의 분산 그리고 시기의 분산으로 나눌 수 있다. 지역의 분산은 한 도시가 아닌 여러 도시에 나누어 투자하는 걸 말한다. 지난 하락장은 거시경제, 즉 유동성과 금리로 인해 전국이 함께 상승하고 함께 하락하는 모습을 보여서 지역의 분산이 큰 효과를 발휘하지 못했다. 하지만 금리가 정상화되면 결국 상승과 하락을 만드는 주체는 '수급'이 된다. 그러면 전국 각 도시의 부동산 흐름이 다르게 흘러갈 가능성이 높다. 예를 들어 내가 서울 노원구에서 역전세를 맞이해 어려움을 겪고 있다 하더라도 경기도 동탄신도시는 GTX-A 호재로 크게 시세가 올라주며 이를 너끈히 감당하도록 해줄 수 있다는 것이다. 또 부산에서 분양권 입주장으로 호되게 고생하더라도 대전의 분양권은 프리미엄이 상승하며 전자의 손실을 어느 정도 만회해 줄 수도 있겠다. 나는 수급을 보고 다양한 도시에 투자를 한 덕에 이런 리스크 헤지 포트폴리오를 만들 수 있었다.

다음으로 종목의 분산은 분양권, 재건축·재개발, 갭 투자 또는 비주거형을 적절하게 섞어서 투자하는 것이다. 상당수의 투자자가 '종목 편식'을 한다. 분양권을 좋아하는 사람은 분양권만, 재개발을 좋아하는 사람은 재개발에만 투자한다. 하지만 특정 종목만 투자한 경우, 그 종목에 대한 규제가 나오거나 거시경제의 변화가 왔을 때 대응하기가 쉽지 않다. 예를 들어 투자금이 적게 들어간다는 이유로 분양권에만 여러 개 투자를 해두면 하락장에는 큰 위기를 맞을 수 있다. 투자 수요가 아예 사라지기에 전매조차 힘들기 때문이다. 3주택 이상을 보유한 투자자라면 등기를 치려 해도 취득세 8~12%

를 내야 하니 생각지도 못한 추가 자금이 들어갈 수 있다. 한편 재개발 투자로만 세팅해 놨다면 하락장에 사업 진행이 막혔을 때 위기를 맞을 수 있다. 높디높은 프리미엄이 사라지는 건 물론이요, 매도 또한 자유롭지 않기 때문이다.

세 번째, 시기의 분산은 갭 투자 시 전세 만기를 다르게 하거나, 입주 시기가 다른 분양권들을 매수해 리스크를 줄이는 것이다. 상승장에는 갭 투자한 물건의 전세 만기가 돌아올 때마다 웃으면서 수익을 챙기지만, 반대로 하락장에는 만기가 돌아오는 족족 역전세가 발생할 수도 있다. 그러면 내 자금을 더 투입해야 하고, 그럴 자금도 없는 경우 한참 떨어진 가격에 손절을 해야 할 수도 있다. 2023년 겨울이 투자자들에게 유달리 혹독했던 이유는, 상승장 끝물이던 2021년 하반기에 투자해 놓았던 여러 물건들의 전세 만기가 도래하는 시점이었기 때문이다. 분산 투자를 해놓지 않은 투자자들은 많은 물건이 역전세로 돌아오며 힘든 시간을 보내야 했다.

금융자산에의
분산 투자도 필요하다

마지막으로 자금을 금융자산과 부동산 자산, 양쪽에 나눠 투자해야 한다는 것도 지난 하락장을 겪으며 얻은 또 하나의 깨달음이다. 부동산에 내 자산이 다 들어 있으니 정작 돈이 필요할 때 자금을 빼내기가 너무 힘든 것이다. 그래서 주식이나 비트코인 같은 금융자산에도 일부 분산해 부동산이 가진 리스크를 헤지해 보는 것도 괜찮은 방법임을 배웠다.

주식은 국장과 미장으로 나누고 가상자산은 비트코인과 알트코

글로벌 상위 7개 자산과 시가총액(출처: COINTELEGRAPH)

순위	이름	시가총액
1	금	22조 3410억 달러
2	애플	3조 달러
3	마이크로소프트	2조 7260억 달러
4	엔비디아	2조 4120억 달러
5	비트코인	1조 8700억 달러
6	알파벳	1조 8590억 달러
7	은	1조 8480억 달러

인으로 나뉜다. 나는 특히 거시지표와 반감기 사이클에 따라 가상자산에 적극적으로 투자하고 있다. 비트코인은 수익도 수익이지만 M2 통화량과도 연결되어 있어서, 선행지표 역할을 해주기에 부동산 흐름을 읽는 데도 도움이 많이 된다. 비트코인을 비롯한 가상자산은 이제 글로벌 자산 순위 5위에 들어갈 정도로 명실상부한 자산의 한 축을 담당하고 있다. 비트코인은 어느새 애플, 마이크로소프트, 엔비디아 같은 쟁쟁한 상대들과도 어깨를 나란히 하는, 금융 투자 대상으로 충분히 매력 있는 자산이다. 자신이 주식에 자신이 있다면 국장과 미장에 투자를 하면 될 것이고, 비트코인에 관심이 있다면 가상자산을 적극적으로 공부해 봐도 좋다. 중요한 것은 달걀을 한 바구니에 담지 않는 것이다.

지금 비트코인은 어느 시기에 와 있는가

그럼에도 많은 이가 가상자산 투자를 망설이는 가장 큰 이유는 아마 '변동성'일 것이다. 한 사이클을 거칠 때마다 고점에서 저점까지 70~80%가 넘게 하락을 하다 보니 사람들은 비트코인을 '튤립

비트코인 가격 변동률 그래프

버블'에 비유하며 조롱을 일삼기도 했다. 하지만 시가총액이 커지고, 4차 반감기를 거치면서 상승폭이 점점 줄고 있고 하락폭 또한 기관의 진입 등으로 예전보다는 줄어들 것으로 생각된다.

우선 비트코인 투자를 알아보기에 앞서 비트코인에 대한 가벼운 지식이 필요하다. 비트코인은 '반감기'라는 독특한 특징을 갖고 있기 때문이다. 반감기란 채굴 보상이 반으로 줄어드는 시기로, 반감기가 찾아올 때마다 채굴 보상이 반으로 줄기에 중장기적으로 비

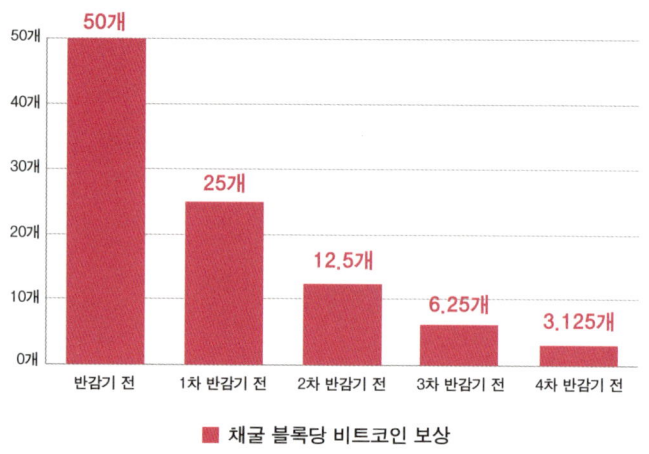

반감기 이후 채굴 블록당 비트코인 보상

트코인은 희소해지고 가격이 우상향할 가능성도 커진다. 이 사이클은 4년에 한 번씩 찾아오는데, 사이클 주기에 따라 회복기, 상승기, 과열기, 하락기로 움직이는 패턴을 보이고 있다. 각 반감기 시점은 2012년 11월(1차), 2016년 7월(2차), 2020년 5월(3차), 2024년 4월(4차)였으며, 일반적으로는 반감기 시점 후 6개월 뒤에 큰 상승을 보이고 1년 6개월 뒤에는 상승의 정점을 찍는다. 그리고 그 후 1년 정도의 긴 하락기에 접어드는 패턴을 보인다.

2025년 9월 현재 비트코인은 전 고점을 넘어 사이클의 정점으로 가는 단계이며, 지난 사이클 패턴과 유사하다면 아마 비트코인의 정점은 올해 4분기가 될 가능성이 높다. 올해 미국은 두 번의 금리 인하를 예고하고 있는데, 9월 또는 10월에 한 번, 12월에 한 번 이뤄지지 않을까 추측한다. 지금까지의 큰 악재였던 관세 전쟁이 서서히 막을 내리고 있고 이스라엘-이란 전쟁도 마무리가 되면서 거시경제는 미국의 금리 인하만 바라보고 있다. 2026년부터는 사이클 주기상 1년의 큰 하락장이 올 수도 있으니, 비트코인 평단가가 낮은 경우라면 금처럼 중장기적으로 가져가면 될 것이고, 평단가와 시세가 얼마 차이나지 않는다면 올해 안에는 수익 실현을 하는 것이 더 나은 선택일 수 있다.

비트코인이 정점을 찍고 나면 알트코인으로 수급이 가면서 알트코인에도 본격적으로 상승 흐름이 오게 된다. 가상자산에서 상승

부동산과 가상자산의 상승 흐름

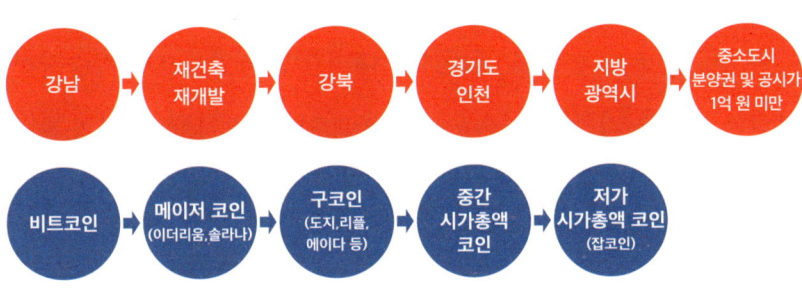

흐름은 비트코인에서 시작되어 이더리움과 같은 메이저 코인으로, 그리고 중간 시가총액과 저가 시가총액을 가진 코인(소위 '잡코인')으로 흐름이 내려간다. 부동산으로 비교하면 강남이 오르면 마용성이 오르고, 강북이 오르고 그 후 경기 및 인천이 오르며 지방 중소도시까지 흐름이 가는 것과 같은 것이다. 알트코인은 단기적으로 접근해야 하며, 하락장이 오면 90% 넘게 하락하는 경향이 있으니 가상자산 시장이 정점에 달한다면 반드시 매도를 하길 바란다.

그렇다면 가상자산 시장이 정점에 이른 것을 어떻게 알 수 있을까? 객관적인 지표로는 '비트코인 도미넌스'를 들 수 있다. 부동산으로 치면 전세가율과 같은 지표다. 비트코인 도미넌스는 가상자산 시장에서 비트코인이 차지하는 비중을 말하는데, 이 비율이 60%를 넘으면 시장 자금이 비트코인에 집중된 상태이기에 상대적으로 알트코인이 더 상승할 여력이 있다는 신호로 볼 수 있다. 비트코인 도미넌스가 55% 밑으로 내려가면 알트코인 상승장이 크게 왔다는 뜻이며, 더 줄어 만약 45% 이하까지 내려갔다면 알트코인 상승장이 정점에 달했을 가능성이 높다. 실제로 2021년에는 비트코인 도미넌스가 70%를 넘자 곧 알트코인이 폭등하는 현상이 나타났다.

가상자산은 알트코인의 경우 저렴한 코인이 많고, 몸집이 큰 비트코인도 소수점 매매가 가능해 진입 장벽이 낮다는 장점이 있다.

내가 가진 투자금이 1억 원 미만의 소액이라면 꼭 부동산으로 접근하기보다, 주식과 가상자산 같은 금융투자도 있으니 나의 상황에 맞게 투자해 먼저 종잣돈을 늘려가길 바란다.

또 '인간지표'도 유심히 봐야 할 척도다. 어르신들이 업비트나 빗썸 계좌를 만들러 가거나 지인들이 코인으로 이만큼 벌었다고 여기저기에 자랑하기 시작한다면 높은 확률로 시장이 고점일 가능성이 있다. 저시총 코인인 잡코인이 하루에 10% 이상 미친 듯이 오르는 시기가 온다면 비중을 줄이면서 엑시트할 타이밍을 노려야 한다. 부동산으로 따지면 인천 구축이나 지방 오피스텔이 미친 듯이 오르는 시기다. 그때가 정점이니 얼른 나와야 한다.

성공한 투자란 희망 회로만 돌리며 거대한 레버리지를 계속 짊어지고 있는 게 아니라, 리스크를 하나씩 줄여가며 영리하게 시장에서 살아남는 것이다. 한 방에 모든 걸 얻으려 한다면 반대로 한 방에 길거리에 나앉을 수 있다는 사실도 기억해야 한다. 우리에게는 생각보다 지켜야 할 게 많다. 투자도 결국은 가족을 지키고 사랑하는 사람과 소중한 추억을 늘리기 위해 하는 것 아닐까? 그래서 우리에게 필요한 건 일확천금을 벌어줄 '한 방'이 아니라, 리스크를 최소화해 오랫동안 살아남는 '롱런'이다. 모든 것에 왕도는 없다. 정도를 걷는 것만이 우리를 부자의 길로 들어서게 할 것이다.

가난한 이는
망할 것만 생각한다

2020년 가을에 유명한 TV 프로그램 두 개가 있었다. 그것은 바로 〈돈벌래〉와 〈쌤과 함께〉다. 이 프로그램에 게스트로 메리츠증권의 존 리 대표가 자주 출연했는데, 그는 주식 투자자이기에 주식이 아이의 교육에 매우 중요하다는 점을 강조했다. 그는 어릴 때부터 자녀에게 금융 교육을 하는 건 매우 당연하다고 말하며, 아이와 함께 장난감 가게에 갔던 사례를 들려주었다.

"이 로봇을 사줄까, 아니면 로봇 만드는 회사의 주식을 사줄까?"

아이 입장에서는 이 무슨 황당한 질문인가 싶지만, 그 내용의 본질은 '돈을 소비하느냐, 투자하느냐'에 있다. 극단적으로 말하면 아이가 로봇을 사는 순간 소비를 했기에 로봇 가격만큼 가난해진다고 볼 수 있다. 반대로 그 장난감 회사의 주식을 구매했다면 아이는 친구들이 그 로봇을 사는 만큼 돈을 벌 것이다. 존 리는 소비와 투자를 자신의 삶에도 적용하며 살고 있었다.

'이건 너무 극단적인 것 아닐까?' 그런 생각을 할 수도 있다. 주식은 오를 수도 있고 떨어질 수도 있으니 말이다. 실제로 프로그램의 게스트도 존 리에게 그런 질문을 했다. 하지만 존 리는 이렇게 응수했다.

"가난한 사람들은 항상 부정적이고 망하는 것만 생각합니다. 그러면 아무것도 할 수 없습니다."

망할 것만 생각하다가 기회를 놓치는 사람

2015년, 한창 서울에 투자하던 나는 심상치 않음을 느꼈다. 곧 빠른 속도로 서울의 집값이 아주 많이 오를 것 같았다. 그래서 나는 가족들과 지인들에게도 투자를 권했다. 당시 고등학교 후배를 오랜만에 만났는데, 지금은 싱가포르 주재원이지만 곧 서울에 들어올 계획이 있다고 하기에 나는 그에게 서울에 아파트 한 채 정도는 사놓는 것이 좋겠다고 귀띔했다. 그때는 3000~4000만 원이면 서울에 아파트를 사놓을 수 있는 시기였다. 하지만 후배는 보통 사람들과 비슷한 패턴을 보였다. 긍정적인 말보다는 부정적인 말로 자신이 투자하지 않아야 할 이유를 찾아내는 것이었다.

먼저 싱가포르에 있는 자기가 서울의 아파트를 산다고 해도 관리가 얼마나 힘들겠냐, 그리고 언제 한국에 들어갈지 예측이 어렵다는 평계를 댔다. 그러고서는 언론에서 집값이 떨어질 거라고들 하는데, 그러면 어떻게 하냐며 볼멘소리를 하는 것이다. 그것들 말고도 집을 사면 안 되는 이유를 수십 가지 늘어놓는 걸 보고 나는 더이상 후배에게 투자를 권하지 않았다. 하지만 결국 후배는 생각보다 빨리 귀국했고, 시간이 한참 지난 지금도 서울에 집을 사야 하나 말아야 하나 여전히 고민 중이다.

그런가 하면 2016년, 직장 동료에게도 강력히 매수를 권한 적이 있다. 그가 용인으로 이사 간다는 소식을 듣고, 배운 게 도둑질이라고 곧바로 네이버 부동산을 찾아본 것이다. 그가 이사 간다는 동네에 한창 공사 중인 아파트가 있었는데, 프리미엄은 34평형 기준 2000만 원 정도밖에 되지 않았다. 이를 확인하자마자 동료에게 권했다.

"○○씨가 이사 갈 동네에 아파트 하나 짓고 있던데, 성복역 바로 앞이고 지금 프리미엄도 2000만 원밖에 안 하더라고요. 하나 사 놓는 거 어때요?"

하지만 그는 떨떠름했다. 프리미엄이 2000만 원밖에 하지 않는 건 이유가 있지 않겠냐는 것이었다. 나는 서울이 오르고 이어서 분당이 오르는 걸 보면 이제는 수지가 오를 차례라며, 지금보단 오를 거라며 한 차례 더 힘주어 권했다. 그래도 동료는 요지부동이었다.

"서울, 분당이 수지랑 같나요? 전 아직도 비싼 것 같은데. 프리미엄 더 떨어지면 그때 생각해 보려고요."

동료에게는 아무리 말해도 이야기가 통하지 않았다. 그 아파트

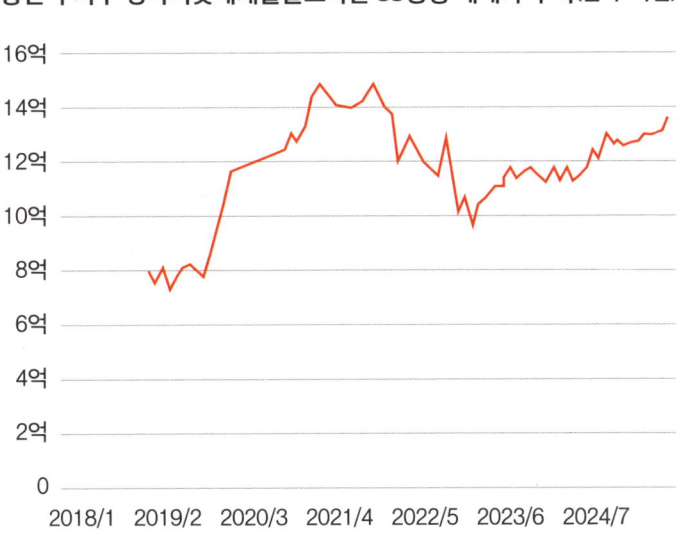

용인 수지구 성복역롯데캐슬골드타운 33평형 매매가 추이(출처: 아실)

는 바로 수지의 대장, 성복역롯데캐슬골드타운이다. 분양가가 33평형 기준 5억 원 초반대였기에 프리미엄을 더한다고 해도 5~6억 원 사이에 살 수 있었던 성복역롯데캐슬골드타운은 2025년 9월 기준 14억 원 중반대에 거래되고 있다.

성공을 생각하고
기회를 쟁취하는 사람

2020년, 부산에 사는 사촌동생에게 전화가 왔다. 사촌동생은 요즘 부동산 투자에 관심이 생겼다고, 실거주할 집은 이미 장만해 두었기에 부산에 투자로 아파트를 한 채 더 갖고 싶다며 내 의견을 물어왔다. 나는 동생의 자금을 듣고, 많이 오른 동부산보다는 서부산 쪽의 재개발에 투자하라고 추천해 줬다. 그때 내가 말한 곳은 부산 사하구의 괴정5구역이었다. 그러자 사촌동생의 목소리가 좀 가라앉는 게 느껴졌다. 왜 그러냐고 물었더니, 사하구는 부산 사람들이 선호하지 않는 지역이라는 것이었다. 어영부영 통화를 끝내고서 이틀 뒤, 사촌동생에게 다시 전화가 걸려왔다.

"오빠, 나 오늘 계약하러 가."

지난 기억들을 가진 나는 '투자하지 않겠군'이라고 생각하며 통화를 마무리했기에 내심 깜짝 놀랐다.

"오, 벌써? 네가 사는 곳도 아니고, 부산에서 선호하지도 않는 지역이라면서 어떻게 그렇게 빨리 결정했어?"

"찾아보니까, 오빠 말대로 더 이상 나빠지기 힘들어서 지금보다는 천지개벽할 지역이더라고. 주변 분양권이나 기존 아파트들 시세랑 비교하면 저렴하게 사는 거라서, 지금보다 좀 떨어져도 괜찮을 것 같아. 오래 가져갈 거라서."

사촌동생은 그 후에 괴정5구역을 무사히 잘 매도하고 부산의 대장이 될 수 있는 해운대구의 우동3구역을 매수했다. 당장은 부산의 흐름이 서울과는 좀 차이가 있을지라도, 상승장이 오면 해운대구 우동3구역은 삼익비치타운과 함께 부산에서 가장 화려하게 빛나는 랜드마크가 될 것이다.

우리는 누구나 부자가 되고 싶어 한다. 그럼에도 누군가는 부자를 헐뜯느라 바쁘고, 또 다른 이는 먼저 부를 쌓은 이들의 자산 증식 방법과 마음가짐을 따라 하려 애쓴다. 둘 중 누가 먼저 부자가 될 수 있을까? 답은 자명하다.

진정 부자가 되고 싶은 사람은, 안 되는 이유를 찾기보다 어떻게 하면 될 수 있을지를 더 고민한다. 당신은 어떤 사람인가? 꼭 목적지가 부가 아니더라도, 인생에서 '성공'에 베팅하고 싶다면 머릿속에는 그걸 이룬 사람들의 방법과 마음가짐에 대한 관심과 흥미로 가득해야 한다. 그래야 성공에 한 발짝 더 다가설 수 있지 않을까. 주식이든 부동산이든 사업이든, 내가 속한 분야에서 긍정적인 생각을 갖고 치열하게 분석하며 기민하게 실행하는 것만이 당신을 지름길로 안내한다. 안 되는 이유를 99가지 읊조리기보다, 되는 이유가 한 가지라도 있다면 거기에 집중하는 태도를 길러보자.

정말로 퇴사할 준비가 되어 있는가

친한 지인이 갑자기 근심 어린 목소리로 전화를 걸어왔다. 회사 상황이 너무 어려워져서 강제로 육아 휴직을 쓰든지, 권고사직을 하든지 하나를 선택하라는 통보를 받았다는 것이었다. 첫 직장에서 몇 년간 성실히 일한 그에게 돌아온 건 갑작스럽고 충격적인 소식이었다.

이처럼 우리는 누구나 직장에서 최선을 다하며 살아가지만, 상황이 어려워지면 직장은 언제든 나를 내칠 수 있는 곳이다. 직장만을 기반으로 삼고 살아간다는 것은 어쩌면 모래 위에 집을 짓고 사는 일과 다르지 않을지도 모른다.

직장은 언제까지나
나의 기반이 되어주지는 못한다

　내가 아는 한 선생님은 자신의 온몸을 바이러스가 공격하는 희귀 질환에 걸려서, 온몸에 바이러스성 홍역이 퍼졌고 두 눈 모두 시력을 잃고 말았다. 물론 치료하면서 조금씩 호전되고 있지만 앞으로 얼마나 치료해야 하고 얼마나 호전될지 쉽게 가늠하기 힘들다. 질병 휴직을 1년 냈지만 그 안에 완치할 수 있는지도 모른다.

　또 17년 전 나의 아버지는 갑자기 목소리가 나오지 않는 병에 걸리셨다. 주무시고 아침에 일어나니 돌연 목소리가 나오지 않았다. 그게 그리 큰 질병이냐 싶겠지만, 교사였던 아버지에게는 사형 선고나 마찬가지였다. 우리 아버지는 외벌이였기에 더 절실히 치료에 매달리셨다. 온갖 병원이란 병원은 다 다니고 약이란 약을 다 찾아드시며 기적적으로 목소리를 되찾으셨지만, 그 한 달 동안 아버지는 이 일을 그만두면 뭘 해야 하나 공포감에 시달리셨다고 한다.

　이처럼 건강 하나만으로도 생계의 기반이 무너질 수 있는 게 직장인의 삶이지만, 직장인 대다수가 1~2년 후에도 지금과 변함없이, 혹은 지금보다 더 많은 월급을 받으며 일하고 있을 거라고 믿는다. 하지만 앞일은 누구도 모른다. 일반 회사원이라면 명예퇴직을 종용

받을지도 모르고, 공무원이라면 끝없는 민원에 마음이 다쳐 면직을 고민하고 있을지도 모른다. 혹은 가족이 갑자기 아파서 간병으로 직장을 그만둬야 할지도 모르고 말이다. 그것이 직장인의 삶에 그냥 안주해서는 안 되는 이유다.

자는 동안에도, 또는 일을 할 수 없는 상황에도 돈이 들어오는 시스템을 만들어야 한다. 그것은 사업소득일 수도, 자본소득일 수도 있다. 직장은 내 인생을 책임지지 않는다. 근로소득만으로 살아가고 있다면, 나의 체력과 건강이 다했을 때 돈줄이 끊긴다는 것과 같은 뜻이다. 단순히 세금을 뜯어가는 정부를 욕하고, 많은 재산을 가진 부자들을 탐욕스럽다며 헐뜯을 게 아니라 그 시간에 조금이라도 자본주의의 원리에 대해 이해하려 하고, 어떻게 하면 근로소득으로부터 자유로울 수 있는지 치열하게 고민해야 한다. 스스로에게 한번 물어보자. '언제라도 퇴사할 준비가 되어 있는가?'

퇴사는
마지막 카드여야 한다

그러나 내가 꼭 말하고 싶은 것은, 직장 이외의 파이프라인으로 대비는 해놓되 섣부른 판단으로 직장을 성급하게 뛰쳐나와서는 안 된다는 점이다. 물론 누구나 한 번쯤은 사장 얼굴에 사직서를 던지는 꿈을 꿔본 적이 있을 것이다. 목 놓아 외치는 '경제적 자유'라는 구호 역시 사실 그 속뜻은 '일터에서의 해방'일지도 모른다. 그래서인지 자산 시장이 상승하면 직장인들이 하나둘 퇴사를 고민하는 시기가 온다. 직장에서 한 달에 300~400만 원의 월급을 벌어봐야 코인이나 주식, 부동산에서 벌어들이는 수익에 비하면 아주 하찮게 느껴지기 때문이다.

하지만 직장은 자산 시장에 하락장이 닥쳤을 때 아주 큰 힘을 발휘한다. 모든 자산이 쪼그라들 때 유일하게 쪼그라들지 않는 것이 직장에서 나오는 현금 흐름이기 때문이다. 그 현금 흐름이 있어야 블랙스완의 시기를 넘길 수 있다.

또 나의 '직장'은 현금 흐름 그 이상의 의미를 가진다. 다들 직장에서 은퇴한다면 한 달에 생활비로 얼마의 현금이 필요한지, 또는 순자산이 얼마일 때 직장을 나와야 할지 등 금전적인 부분만 고민하다가 정작 중요한 것은 놓치고 만다. 바로 일상의 루틴과 명함이 주는 소속감, 안정감이다. 직장에서 나오는 순간 삶의 루틴이 깨지고 나를 소개할 무언가가 사라진다.

단순히 '투자로 수십억 원을 벌었네', '월세 세팅으로 300~400만 원이 들어오네' 같은 것보다 중요한 것이 나를 표현할 수 있는 명함이다. 나를 뭐라고 소개할 것인가?

누군가가 '무슨 일을 하세요?'라고 물어볼 때 '전업 투자자입니다'라고 대답하면 상대방은 뭐라고 할까? 보통 속으로 '백수구나'라고 생각하거나, 몇몇은 '전세 사기, 뭐 그런 거 아니죠?' 하며 색안경을 끼고 보곤 한다. 나 자신이 전업 투자자이기에 잘 알고 있다. 그만큼 부동산 투자에 대한 시선은 별로 좋지 않다. 파이어족을 생각하고 있다면 매달 들어오는 현금 흐름이라는 파이프라인도 중요하지만, 나를 소개할 명함과 매일 실천할 루틴 역시 그 이상으로 중요하다. 직장을 나오는 순간 당신을 지켜주는 건 아무도 없다. 직장을 나와도 거뜬할 파이프라인은 마련해 놓되, 단순히 월 현금 흐름이 얼마가 된다고 해서 함부로 나와서는 안 된다는 걸 강조하고 싶다.

흥샘's TIP

부동산 투자는
사람과 사람의 만남이다

부동산 투자와 주식 투자의 차이가 무엇일까? 부동산도 주식도 무생물을 사고판다는 점에서 큰 차이는 없지만, 부동산은 누군가의 삶과 연계된다는 큰 차이가 있다. 부동산, 그중에서도 아파트에 투자한다는 것은 원하든 원치 않든 누군가의 삶에 강하게 끼어든다는 뜻이다. 그래서 나는 투자에서 아파트 자체도 중요하지만, 그곳에 사는 사람들과의 관계도 매우 중요하다고 조언한다. 물론 내가 들어가서 사는 경우도 있지만, 아파트 투자는 대체로 전세 세입자를 구해 매매가의 일부를 충당하는 형식이기 때문이다.

갭 투자를 할 때 초심자들은 대부분 어떻게든 전세가를 높이 받아 나의 투자금을 줄이는 데에 혈안이 되어 있다. 물론 투자금을 줄이는 것은 매우 중요하다. 그럼에도 그보다 중요한 것이 그곳에 살 세입자와의 현명한 관계다. 세입자가 나의 투자금을 상당 부분 충당해 주는 만큼, 집주인인 우리 역시 그곳에서 살아가는 사람의 삶을 든든하게 지지해 줘야 한다. 집이 한 채, 두 채 늘며 다양한 사람들을 만날수록 나는 부동산 투자가 정말 인간적인 일이라는 사실을 마음 깊이 깨달았다.

세입자는 내 투자의 동반자다

2017년 서울시 은평구에 사놓았던 다세대 빌라들을 정리하던 시기였다. 그런데 세입자는 자기는 계약 만기 시점에 나갈 것이라며, 그 전까지는 집을 보여줄 수 없다고 주장했다. 그 전에 집을 매도해야 했던지라 집을 좀 보여달라고 사정하자, 그는 연신 '그건 당신 사정이고, 내 전세금 2억 원은 어디다가 쓰고 집을 보여달라는 거죠? 부동산 투자를 한다는 사람이 2억 원도 없나요?'라며 강경한 태도를 보였다. 자기 전세금은 이사 가는 날 꼭 받아야 하지만 집은 팔든 말든 당신 상황이라는 세입자 앞에서 너무나 곤란한 시간을 보내야 했다. 그런가 하면 어떤 세입자는 여기저기 청소와 수리를 요구하고, 수리를 해야 할 때마다 공사 때문에 냄

새가 나서 집에 있지 못하겠다며 몇 박의 호텔비를 요구하기도 했다. 어디까지 세입자를 이해하고, 그들과 협력해야 할까?

이러한 크고 작은 사건 뒤로 나는 세입자에 관한 생각이 완전히 바뀌었다. 세입자는 내 투자에 가장 중요한 사업 파트너다. 그래서 그들과 어떻게 공생해야 할지를 고민하며 다음과 같은 기준을 설정했다.

첫째, 꼼꼼하게 챙기자. 은평구 빌라의 세입자는 '계약서에 내가 집을 보여줘야 한다고 써 있냐'며 따져 물었고, 실제로 계약서에는 아무것도 명시돼 있지 않았기에 나는 할 말이 없었다. 이후 모든 전세 계약서에 특약으로 '임차인은 향후 임대인의 주택 매매와 새로운 전세 임차인을 구하기 위해 집을 보여주는 것에 적극적으로 협조한다'라는 조항을 삽입했다. 물론 그 후에 그런 세입자를 만나지는 않았지만, 가끔 상식적이지 않은 요구를 하는 분들이 있어서 이와 관련된 사항들은 계약서에 남기는 것이 중요하다고 생각한다.

둘째, 인간적인 마음으로 다가간다. 앞서도 말했듯 부동산은 사람과 사람 간의 일이다. 그래서 논리를 따지며 몰아세우는 식의 대화는 결국 항상 결말이 좋지 않았다. 나는 세입자와 '연애한다'고 생각하라고 말한다. 연애 초기에는 연인의 말을 적극적으로 경청하고 공감하듯, 세입자에게도 당신의 말에 귀를 기울이고 있다는 액션을 보여주는 것이다. 그리고 웬만하면 내가 해줄 수 있는 범위 내로는 그의 말을 들어준다. 어차피 집을 고치는 일은 내 물건을 수리하는 일이므로 크게 문제가 될 것은 없다. 다만 자신의 권리보다 더 많은 걸 요청한다면 계약서나 법률 등을 참고해 과감히 거절할 용기도 내야 한다. 또 세입자의 요청은 반드시 기록해 둘 필요가 있다. 필요하다면 전화 통화를 녹음하거나, 문자로 진행했다면 문자를 모두 저장해야 한다. 이는 부동산과 대화할 때도 필요하다. 서로 기분이 좋을 때는 세상이 아름다워 보이기에 많은 부분을 허용하지만, 상황이 달라져서 누군가가 금전적으로 양보를 해야 한다면 말이 달라질 수 있기 때문이다.

셋째, 환대를 한다. 나는 세입자가 입주하는 날에 항상 선물을 보낸다. 우리 집에 와서 행복하고 좋은 일들만 가득하시길 바라는 마음으로 서로 부담되지 않는 선에서 선물을 보낸다. 나이가 있으신 어르신들에게는 휴지나 세제를, 젊은 신혼부부나 청년에게는 커피 기프티콘을 보낸다. 선물은 사람의 마음을 따뜻하게 만드는 마법이 있다. 그래서 나는 세입자 대부분과 관계가 좋은 편이다. 그 밖에도 집을 갑자기 매도하게 되거나 새로운 세입자를 받아야 할 때, 집을 보여주시느라 고생하신다며 기프티콘을 보내드리는 정도의 성의 표시를 한다. 그러면 대다수의 세입자분들은 매우 협조적으로 집을 보여주시곤 했다.

그저 금전적인 보상이 필요하다는 뜻이 아니다. 부동산이 사람과 사람 사이에 오가는 정 속에 있다는 걸 잊지 말자는 것이다. 누군가와 척지고, 등지고 살아가는 세상은 너무 척박하지 않을까? 우리 집에 들어와 사시는 분들이 행복하고 즐거워야 그 집에도 좋은 기운이 깃드는 법이다. 내가 집주인이라고 해서 갑 행세를 하면 세입자들도 그 부분을 모두 느낀다. 그러면 사람 사이에는 감정의 골이 발생하고, 이는 꼭 생각지도 못한 곳에서 곪아 터진다. 말 한마디에 천 냥 빚을 갚을 수 있다는 걸, 그리고 갑과 을은 언제든 바뀔 수 있다는 걸 생각하며 세입자와 좋은 관계를 유지하길 바란다.

어디에나 인연은 있다

아파트 투자는 '사람'을 빼고는 이야기할 수 없다. 나도 돈도 연줄도 없던 시절 투자로 만난 귀인에게 많은 도움을 받았다. 만약 그분들을 만나지 않았다면 나는 지금의 부를 이룰 수 없었을 것이다.

투자 초기, 나는 홀린 듯이 집을 사들이다가 자금이 꼬여버렸다. 세 개

물건의 잔금일이 겹치며 곤란한 상황에 놓인 것이다. 추가 대출도 알아보고 주변에 물어보기도 했지만 쉽지 않았다. 아내에게 말도 하지 못하고 긴긴 밤을 혼자 고민하다가, 결국 솔직하게 부동산 소장님께 내 상황을 말씀드렸다. 그런데 소장님께서 열심히 살아보려는 나를 불쌍히 여기시고 선뜻 3000만 원을 빌려주셨다. 이런 일은 정말 흔치 않은데, 내게 하늘에서 귀인을 보내주신 것이다.

"다 잘 살아보자고 하는 일인데, 잘될 거예요"라며 따뜻한 위로와 함께 흔쾌히 돈을 빌려주신 소장님을 나는 아직도 잊지 못한다. 결국 소장님 덕분에 잔금도 잘 치렀고, 전세도 잘 들어와 돈은 금방 갚을 수 있었다. 감사한 마음을 담아 소장님께 복비와 함께 이자도 챙겨드렸다. 이 경험은 정말 나에게 귀한 경험이었다. 돈을 잘 계산해 보고 투자해야 한다는 사실도 물론 배웠지만, 부동산은 사람과 사람 사이의 일이기에 마음을 넓게 가져야 한다는 사실도 깨달았다.

그리고 시간이 흘러 2017년 서울의 새 아파트 분양권을 매수했다. 그 분양권을 매수하기 위해서는 작은 빌라들과 저가 아파트들을 다 정리해야 했다. 하지만 정권이 바뀌고 8·2 대책이라는 큰 규제가 나온 시기였던 터라 생각보다 집이 팔리는 속도는 더뎠다. 딱 계약금만 있어서 계약금을 주고 계약은 할 수 있었는데, 보통 분양권은 입주할 필요가 없기에 계약하고 한 달 안에 완전히 잔금을 치러야 했다. 이를 어떡하나 많이 고민했다. 매도하시는 분은 나이가 지긋한 80대 할아버지셨다. 이미 산전수전 공중전까지 다 겪은 할아버지는 이 지역에 건물도 몇 채 가지고 계시고, 정비사업 투자로 재미도 보신 분이었다. 나는 할아버지께 갖고 있는 집이 매도가 안 돼서 그런데, 혹시 잔금을 늦출 수 있냐고 여쭤봤다. 속으로는 당장 계약을 해지한다고 말씀하실 줄 알았는데, 할아버지는 의외로 흔쾌히 잔금일을 늦춰주셨다. 그것도 10개월이나 말이다.

"젊은 사람들이 좋은 집에 들어와서 살면 얼마나 좋겠소? 나도 젊은 시절에 열심히 투자하며 살았는데, 내가 젊은이들도 도와주고 그래야지."

그리고 10개월이 지나, 무사히 잔금을 치르며 나는 기다려주신 할아버지께 약소한 금액을 선물로 더 드렸다. 정말 너무 감사했기 때문이다. 우리 가족은 지금 그 집에서 잘 살고 있다.

나는 그 뒤로 '좋은 인연'이 되어줘야겠다는 생각을 했다. 돌이켜보면 내가 부동산 투자를 할 수 있었던 건 비단 돈 덕분만이 아니다. 내가 가는 길을 응원하고 이끌어준 소중한 인연들도 큰 도움이 되었다. 부동산은 '삶'과 맞닿아 있기에 투자로 귀한 인연을 얻기도, 잃기도 한다. '부자가 되겠다'는 다짐 속에 많은 사람을 힘들게 하는 수전노가 될지, 우리 집에서 10리 이내에 굶어 죽는 사람이 없게 할 최부잣집이 될지는 스스로 선택할 수 있는 일이다.

상급지 환승의 기술

초판 1쇄 인쇄 2025년 9월 12일
초판 1쇄 발행 2025년 9월 22일

지은이 홍샘(서홍주)
펴낸이 김선식

부사장 김은영
콘텐츠사업본부장 임보윤
책임편집 문주연 **기획** 한다혜 **디자인** 윤유정 **책임마케터** 이고은
콘텐츠사업1팀장 한다혜 **콘텐츠사업1팀** 윤유정, 문주연, 조은서
마케팅2팀 이고은, 지석배, 최민경, 이현주
미디어홍보본부장 정명찬
브랜드홍보팀 오수미, 김은지, 이소영, 서가을, 박장미, 박주현
채널홍보팀 김민정, 고나연, 홍수경, 변승주, 정세림, **영상홍보팀** 이수인, 염아라, 이지연
편집관리팀 조세현, 김호주, 백설희 **저작권팀** 성민경, 이슬, 윤제희
재무관리팀 하미선, 임혜정, 이슬기, 김주영, 오지수
인사총무팀 강미숙, 이정환, 김혜진, 황종원
제작관리팀 이소현, 김소영, 김진경, 이지우, 황인우, 유미애
물류관리팀 김형기, 주정훈, 김선진, 양문현, 채원석, 박재연, 이준희

펴낸곳 다산북스 **출판등록** 2005년 12월 23일 제313-2005-00277호
주소 경기도 파주시 회동길 490
대표전화 02-704-1724 **팩스** 02-703-2219 **이메일** dasanbooks@dasanbooks.com
홈페이지 www.dasan.group **블로그** blog.naver.com/dasan_books
용지 신승INC **인쇄 및 제본** 정민문화사 **코팅 및 후가공** 제이오엘앤피

ISBN 979-11-306-7377-6 13320 (13320)

· 책값은 표지 뒤쪽에 있습니다.
· 파본은 구입하신 서점에서 교환해 드립니다.
· 이 책은 저작권법에 의하여 보호를 받는 저작물이므로 무단 전재와 복제를 금합니다.

> 다산북스(DASANBOOKS)는 독자 여러분의 책에 관한 아이디어와 원고 투고를 기쁜 마음으로 기다리고 있습니다.
> 책 출간을 원하는 아이디어가 있으신 분은 다산북스 홈페이지 '투고원고'란으로 간단한 개요와 취지, 연락처 등을 보내주세요.
> 머뭇거리지 말고 문을 두드리세요.